我说嘉庚
百年学村亲历者口述实录

吴吉堂　陈满意　主编

中国华侨出版社
·北京·

图书在版编目（CIP）数据

我说嘉庚：百年学村亲历者口述实录 / 吴吉堂，陈满意主编. — 北京：中国华侨出版社，2025.7.
ISBN 978-7-5113-9376-0

Ⅰ．K828.8

中国国家版本馆CIP数据核字第2024KZ3521号

我说嘉庚：百年学村亲历者口述实录

主　　编：吴吉堂　陈满意
策划编辑：桑梦娟
责任编辑：张　玉
封面设计：胡椒书衣
经　　销：新华书店
开　　本：710毫米×1000毫米　1/16开　　印张：15.5　　字数：188千字
印　　刷：北京鑫益晖印刷有限公司
版　　次：2025年7月第1版
印　　次：2025年7月第1次印刷
书　　号：ISBN 978-7-5113-9376-0
定　　价：59.80元

中国华侨出版社　北京市朝阳区西坝河东里77号楼底商5号　　邮编：100028
编缉部：（010）64443056-8013　　传　真：（010）64439708

如发现印装质量问题，影响阅读，请与印刷厂联系调换。

《我说嘉庚：百年学村亲历者口述实录》
编委会

主　　编：吴吉堂　陈满意

副 主 编：林舜杰　汪　权　屈永娟　应可欣

PREFACE 序言

没有人比他们更懂陈嘉庚

2023年6月13日，在现当代中国文化界具有重大影响力的艺术家黄永玉逝世，享年99岁。黄永玉是中国国家画院院士，中央美术学院教授，曾任中央美术学院版画系主任、中国美术家协会副主席。他与集美有深厚渊源：于1937年夏天来到集美中学读书，之后三次回到母校……

我跟陈满意、汪权在一次闲聊中，不约而同地感慨世事无常，同时也有一个共同的心愿：要用口述历史的方式，把百年学村的亲历者记忆深刻的内容记录下来，不仅有影像，也有文字。

我们马上采取行动，历时1年多，有了这本凝聚着团队心血和亲历者真情实感的新书——《我说嘉庚：百年学村亲历者口述实录》。2024年是陈嘉庚先生诞辰150周年，这本书能顺利出版，心里多少有些许安慰。这不仅是对陈嘉庚先生诞辰150周年的最好纪念，更是对那段辉煌历史的深情回望。

他们大多与嘉庚先生接触过

陈嘉庚呕心沥血、倾资兴学，创办的集美学校规模宏大、设备完善，师生不仅来自全国各地（包括港澳地区），也来自东南亚各地。如今，经过数十年的艰辛发展，集美学校已逐步形成一个从幼稚园、小学、中学以至大学和职业学校的较完整的教育体系。

如今，我们再回望这段历史，依然深深地被嘉庚先生艰苦创业、自强不息的精神，以国家为重、以民族为重的品格，关心祖国建设、倾心教育事业的诚心所感动。

本书采访记录了16位百年学村的亲历者，他们中的大多数人与嘉庚先生有着或多或少的接触，更是"嘉庚精神"的践行者。例如，90岁高龄的嘉庚弟子任镜波；年轻时在厦求学，事业成功后不忘回馈母校和社会的集美学校泰国校友会会长丁文志；连续20年义务辅导功课，被誉为嘉庚精神"领头雁"的陈威廉；在《百家讲坛》讲述嘉庚故事，情到深处潸然泪下的华侨博物院名誉院长陈毅明；等等。从某种意义上说，没有人比他们更懂陈嘉庚。

这些学村亲历者大多年事已高，平均年龄81岁，最年长的是毕业于集美农林学校的邵培地先生，如今已有101岁高龄。因此，记录他们的回忆，传承他们的故事，变得尤为紧迫和重要。这不仅为陈嘉庚教育遗产提供大量珍贵纪实资料，重现嘉庚先生的丰功伟绩，同时也挖掘了很多不为人知的感人故事。

在16位采访对象中，既有陈嘉庚先生的后人、长孙、75岁的陈立人先生，也有集美学校的建筑工人、参与南薰楼群建设、97岁的邱铭静老人。他们都是百年学村的亲历者、参与者、建设者。从他们的口述中，我们了解到了更为立体、有血有肉的嘉庚先生。本书在文章排序方面，是根据口述者姓名拼音首字母自动排序。

随着采访过程的深入，我们越发感觉到有意义。这些亲历者的真实经历也感动着我们。

与市面上大多数口述历史类书籍不同的是，本书虽然也是以采访对象的口述实录为主，但是增加了不少时代背景和延展史料，力求更加全面、真实、丰富地呈现嘉庚先生所经历的每一件大事。这些背景史料的挖掘，是我们团队投入时间最长、精力最多的部分，读者朋友在阅读百年学村亲历者的口述文字时，可以从时代大背景里更好地理解嘉庚先生。

他们是"嘉庚精神"的忠实践行者

嘉庚先生一生资助或创办学校达123所。自1913年集美小学创办以来，集美从一个小渔村发展成为全国知名的文教区。

长达一个多世纪，集美学村和集美学校既经历了艰难曲折，也抒写了灿烂篇章——一起走过艰难缔造和发展改进岁月，经历了内迁和复原，迎来了新生，又历经磨难，终于在改革开放中振兴跨越，在新时代开创新局。

我常常在思考，百年之后的今天，我们要如何弘扬"嘉庚精神",延续嘉庚的教育思想?通过这16位百年学村亲历者的动人口述,也许会得到一些启发。嘉庚先生认为"教育为立国之本,兴学乃国民天职",他的教育思想穿越百年时光,至今还在影响着后代。今天,这些学村亲历者还在不同的岗位上发光发热,他们的坚持与执着正是"嘉庚精神"的具体体现,也是对我们年青一代的深刻教育和激励。

在采访过程中,我深切感受到"嘉庚精神"对他们一生的深远影响,他们眼中的热泪是对嘉庚先生无尽的感激与敬仰。

正如嘉庚先生长孙陈立人先生所说:"我觉得我们家的家风对我影响是相当大的,我自己宁可节俭,省下的钱也要拿来帮助那些贫困的学生,这也是我爷爷留下的家风之一。"

嘉庚先生的族亲陈新杰老师说:"在嘉庚先生的精神、行为榜样的影响下,我形成了'良知做人,责任处世'的人生信条。正因如此,退休后,我致力于嘉庚的研究、学村文化的挖掘。这些都是围绕嘉庚的精神,他诚毅、重社会责任的精神来做的。"

94岁的泰国侨领丁文志先生说:"诚毅的校训教我为人。"他21岁来集美中学求学,30岁返回泰国。正是这9年的求学经历,对丁文志产生了深远的影响,他从20世纪80年代起投入集美泰国校友会工作,为"嘉庚精神"的传承和中泰之间经济、文化、教育等方面的交流作出了杰出的贡献。

类似的例子还有很多,大家可以在阅读本书的过程中,慢慢体会。

有点遗憾的是，我们在联系嘉庚先生的秘书张其华（98岁，厦门市原副市长，1950年开始任陈嘉庚先生秘书，长达11年）、集美香港校友会副会长杜成国（84岁，13岁从印度尼西亚回到祖国，在集美中学就读）两位老先生时，他们因为身体原因无法接受采访，不禁叹息。就在本书接近定稿之时，2024年5月19日，张其华先生不幸逝世；2024年8月18日，丁文志先生不幸逝世。两位先生已经千古，但先生风范长存。

20世纪初，嘉庚先生在海外经商回国后，目睹当时中国落后的教育，曾感叹"教育不振则实业不兴，国民之生计日绌"，他将教育置于关系国家兴亡的重要地位，决定兴学。他在创办厦门大学时也一再申明："鄙人久客南洋，志怀祖国，希图报效已非一日。"

今天，当我们在纪念陈嘉庚先生诞辰150周年之际，可以很自豪地向嘉庚先生报告：您当初教育兴学的宏愿已经实现，并且以"忠公、爱国、勤俭、创新"为核心的"嘉庚精神"也已深入人心，代代相传。

这本书让我们重新审视那段艰苦卓绝的历史，感受嘉庚先生的伟大精神与崇高品格。同时它也提醒我们，要珍惜当下的教育资源，传承和发扬"嘉庚精神"，为祖国的繁荣与进步贡献自己的力量。在阅读本书的过程中，您将逐渐体会到"嘉庚精神"的深远影响和百年学村的独特魅力。我们衷心希望本书能够成为传承"嘉庚精神"、弘扬学村文化的重要载体，为后人留下宝贵的精神财富。

最后，我要感谢为这本书付出心血的团队成员陈满意、汪权、屈永娟、应可欣。在本书采写过程中，得到了集美校友总会永远名誉会长任镜波先生、集美校委会副主任张志方先生、集美区南侨文化研究会秘书长王琪先生的大力支持，在此一并表示感谢！是他们的努力与付出，让我们有机会再次感受到嘉庚先生的伟大精神，让我们更加坚定地走在传承与发扬"嘉庚精神"的道路上。

吴吉堂

2024 年 10 月 21 日

目 录

CONTENTS

榜样陈嘉庚　文确、六使家族是其中坚拥趸　　　陈宝玉　口述　1

爱国就是教育　教育就是爱国　　　陈笃豪　口述　15

今天的故事　明天的历史　　　陈经华　口述　33

追寻祖辈足迹　续写大爱传承　　　陈立人　口述　49

传承"嘉庚精神"　造福桑梓　　　陈威廉　口述　69

有责任还原真实的陈嘉庚　　　陈新杰　口述　83

一生竭尽国民天职　矢志不渝　　　陈毅明　口述　105

我们是国家的主人　要为国家做事　　　陈忠信　口述　131

乡音乡情　文化坚守　　　陈重山、陈瑞美　口述　147

赓续"嘉庚精神"　致力中泰交流　　　丁文志　口述　161

体恤民生　为普通人带来希望　　　黄集群　口述　175

克己奉公、宽厚待人的陈嘉庚　　　邱铭静　口述　187

坚守报国之志　尽公民之天职　　　任镜波　口述　195

兴办教育　弦歌不辍　　　邵培地　口述　213

陈嘉庚的影响是空前绝后的　　　魏达人　口述　223

榜样陈嘉庚 文确、六使家族是其中坚拥趸

陈宝玉 口述

陈宝玉

陈宝玉，1941年12月出生于厦门集美大社，父亲陈文知，其伯父和叔父为南洋著名华侨陈文确、陈六使。文确、六使是陈嘉庚忠实的支持者、追随者，是继陈嘉庚、陈敬贤兄弟之后，又一对集美乡贤的佼佼者。

父辈以嘉庚为榜样　成为其坚定的支持者

聊起父辈下南洋的经历，陈宝玉说自己的父辈当时家境贫寒，伯父、爸爸和叔父们为了生活早早就到新加坡谋生，在嘉庚先生的谦益公司工作。父辈因为干练认真，很快得到赏识和提拔，被委以重任。后来在嘉庚先生的鼓励下，兄弟几人创办了自己的橡胶公司，一路不断发展，成为南洋富商。

因为深受嘉庚先生影响，我的伯伯叔叔也都很照顾乡亲。

有了嘉庚先生作为榜样，陈文确、陈六使不仅获得了商业上的巨大成功，对公益、教育事业也有诸多贡献。

在集美大学百年校庆时，陈嘉庚长孙陈立人先生还特别提议大家感谢文确、六使在建集美学村、集美大学时对陈嘉庚的襄助。

在嘉庚先生办学兴学、纾难救国的路上，文确、六使家族是最忠实的支持者。1929年，世界经济危机爆发，陈嘉庚的公司受到沉重打击，于1934年2月宣告停业。为保住学校，陈嘉庚多方筹款，甚至变卖家人居住的三栋别墅，所得钱款全部充当厦门大学经费。

在嘉庚先生最困难的时候,文确、六使慷慨解囊。

集美校友总会永远名誉会长任镜波曾经说过,他们尊敬校主陈嘉庚先生,也崇敬"南大之父"陈六使先生,因为六使先生是嘉庚倾资兴学的支持者和襄助者。我们在研究陈嘉庚创办集美学校和厦门大学的过程中发现,每当嘉庚先生为筹措学校经费遇到困难时,首先想到的就是陈文确、陈六使昆仲。对嘉庚先生的兴学善举,文确、六使昆仲始终如一,竭尽全力支持。每次捐款,六使先生都出大钱。有一次,为了替嘉庚先生排忧解难,他甚至"损失其家资几达半数之多"。对此,嘉庚先生十分感激,他在《南侨回忆录》中写道:"六使君之慷慨宏量,余万分钦佩,铭感无任!"

1939年8月,殚精竭虑出资维持集美学校经费的陈嘉庚,曾在南洋发表《为复兴集美学校募捐启事》,发动集美校友捐款支持母校。当时,陈嘉庚的集美族亲陈六使托上海华侨银行代购公债100万元,以利息每年6万元,捐作集美学校复兴基金。

更值得一提的是,1942年2月,日军发动对新加坡的总攻,新加坡危在旦夕,当月陈嘉庚被迫前往印度尼西亚避难,匆忙中来不及通知家人。当时,集美学校经费紧张,陈六使汇国币700万元解了燃眉之急。陈嘉庚在《南侨回忆录》中讲道:集美学校逐月须垫款三万余元,按可支持至暑假而已,幸陈六使君许从其汇款内支用,余于元月半及月杪计寄空邮两函,告陈村牧君校费逐月可支三万元。若该函有接到,则集校可免停闭,实闽南青年之幸福,而功德则出于陈君六使也。从1933年开始,文确、六使两人大力支持陈嘉庚办学,先后捐助办学经费上千万元。抗战期间,两人又多次捐出巨款,支援祖国。

陈宝玉说，刚去新加坡的时候她年龄还很小，但是也常听伯父提到嘉庚先生。自己的两个孩子也是在嘉庚先生创办的南洋华侨中学接受教育。

我的伯父叔父非常尊敬陈嘉庚，嘉庚先生在北京病重的时候，我的伯父陈文确还专程去看望。

文确、六使先生对陈嘉庚的襄助，既有同乡之情又有知遇之恩，更重要的是，他们是同一类人，热爱祖国，热爱家乡，为建设家乡不辞辛苦。

叔父兴办教育　筚路蓝缕

同样爱国爱乡，文确、六使兄弟除了襄助嘉庚先生办学，也担当起了更多的社会责任。事业成功之后，文确、六使兄弟处处帮助有困难的华人，得到了多数华人的尊重。

虽然那时候我年龄还小，但是我知道叔父创办了南洋大学，他也是一位爱国爱乡的人，为了华人的教育，做了很多事情。

1950年，陈六使出任新加坡中华总商会会长及福建会馆主席，在任期间，他为华人争取公民权，鼓励民众参选参政，推动华人融入当地社会。

当时，新马殖民政府不准当地学生前往中国学习，导致华文中学师资匮乏，华校学生深造无门，华文教育面临危机。对此，陈六使要求废除当局语言限制,并列华文为官方语言。

为了让华人的子弟在马来亚(马来西亚)和新加坡地区拥有美好的未来,陈六使在重重阻隔下决定发动华人的力量,创办南洋大学。

但是,想要在国外创办一所华人大学,何等困难!1953年1月,时任新加坡福建会馆主席陈六使在会馆联席会议上,倡议创办一所华文大学,并即席认捐500万新元。他说:"吾人为维护华人文化之长存,实有创办大学之必要。就目前情形而观,吾侨中学生无处可资升学,实迫使吾人不得不创办大学。"

陈六使登高一呼,新马华人社群的工商界、文教界、劳动界,空前热烈地响应。上至富商巨贾,下至贩夫走卒,都付出了巨大努力。当时全新加坡1500多名三轮车夫义拉、演员义演、的士司机义驶、建筑工友献薪、舞女协会义舞、理发师义剪、赛马协会义赛,以及义卖、义唱、义画、义展、个人义捐等诸多善人善行,再由各个华人支会统一上交,就这样一元一角一分的,筹款达到了1500万元之多。

在陈文确、陈六使陈列馆的二楼,有详细的图文资料记录了当时的新马华人为建设南洋大学,万众一心,所作出的巨大贡献。

1953年7月20日,在南洋大学动土典礼上,陈六使发言:"我们是在这片荒土播下文化的种子。我们的文化,在这里将与日月同光,天地共存……华人曾有自己的文化,绝对不能被淘汰。否则身为华人而无华人的文化,虽仍然为华人而不知自己的文化,这种人我们实不知何以名之!"

陈六使主持动土典礼

正当南洋大学迅速形成规模时，新加坡的政治亦在迅速演变，新加坡自治邦即在此时成立，1959年3月4日通过立法确定了南洋大学的法定地位。从此，官方正式承认南大为新加坡教育制度中高等学府的一环。

但是，南大的发展之路可谓坎坷。在周兆呈老师所著的《语言、政治与国家化：南洋大学与新加坡政府关系》一书中特别提到，当时的新加坡与马来西亚政治局势变幻无常，政治斗争异常激烈，新马合并带来的种族问题、政治角力、政治路线的冲突都直接影响到南洋大学。

作为华文学校，新加坡总理李光耀认为，大学以华语讲授，一开始就意味着今后会有麻烦。因为毕业生未具备掌握英文的条件，就跟过去一样，他们未必能在政府部门或私人领域谋得一职。①

南大从1965年至1979年，迫于压力，在学制、课程、人事、教学语言、招生等方面都有不少变更，最终成为一所以英文为主要教学语言的大学。1980年，南洋大学并入新加坡国立大学。1981年，在南洋大学的校址上，南洋理工学院成立，也就是现在的南洋理工大学。

南洋大学的创办和发展无疑是让人感慨的。它从1956年开学至1980年最后一届学生毕业，生存了25年。虽然历经磨难，但也培养了近12000名毕业生，为华人子女的高等教育撑起了一片天。它标志着海外华人伟大的办学业绩，展现了南洋大学师生"自强不息，力求上进"的精神，为海外华人历史谱写了辉煌的一页。

2005年8月，新加坡总理李显龙在南洋理工大学50周年庆典上曾说："从创立到转变，南大过去50年的历史反映了南大的精神——对愿景的执着、推动社区能力和在逆境中取得成功的毅力。在庆祝建校50年时，南大师生对所继承的具有历史意义的云南园应该心存感激，我们应该记得并感谢那些从前为建立南大作出无私贡献的所有的人。不管他们那个时候是站在哪一边，他们都代表了那个时代最优秀的精神，南大则是这种精神的体现。"②

2019年，南洋理工大学将坐落在南大华裔馆和南大湖附近一条名为"南洋谷"的道路易名为"陈六使径"，以铭记已故前南洋大学创始人陈六使。人文学院大楼也被命名为"新加坡福建会馆楼"。

陈六使一生致力于兴学育才，除了南洋大学，还兴办和完善了

---

① 摘自《李光耀回忆录》。
② 摘自《联合早报》，2005年8月30日。

其他五所学校。1912年10月12日,"爱同学校"在新加坡文达街一所卫理公会教堂里开课。1929年,由福建会馆接管后,陈六使秉承陈嘉庚倾资兴学的精神,在着手兴建教舍的同时,规定尽量减少学费,免除一切学生捐款,以减轻家庭负担,推广华文教育。新加坡南侨女中始建于1947年。陈六使任福建会馆主席期间,为满足日益增加的学生人数,使华文教育得到更好的发展,多方筹集基金,并带头慷慨捐输,先后为学校兴建了教室、教职员宿舍、图书馆等。新加坡道南学校既是福建会馆的直属学校,也是东南亚历史悠久、规模较大的华文小学。1950年陈六使继任福建会馆主席后,筹募基金为道南学校新建教学大楼,配备教学设施,为新加坡华侨文化教育作出了重要贡献。同年,为筹建光华学校,福建会馆向各界股商募捐筹集建校基金,共筹得近百万元。1951年在基里玛路动工兴建,1953年年初学校落成后,陈六使又增建校舍,使学校达到可容纳两千名学生的规模,使华文教育得以普及。"崇福学校"是福建会馆的直属学校,1953年,陈六使自捐20万元,并向闽侨捐募建校资金,于1955年9月18日举行新校舍落成典礼。

文确、六使是陈嘉庚先生的"中坚拥趸",他们把历尽艰辛赚来的钱用在发展文教公益事业上,在海外创办华人大学,为住在国和家乡的社会发展、文明进步作出了卓越的贡献。

家族建设集美　代代相承

我知道陈嘉庚很爱护乡亲,是我们集美的榜样,受其影响,我的伯伯叔叔也都很照顾乡亲。

的确，陈文确、陈六使长期追随陈嘉庚，抗战期间大力支持陈嘉庚筹款救国，参与筹建"集友银行"，长期资助陈嘉庚在家乡创办的文教事业，支持集美学校的建设与发展，支持家乡的社会经济发展。

在陈文确、陈六使生平大事年表中，清晰地记录着兄弟俩为家乡建设作出的贡献。

1938年，汇款3500元安置回乡难民；1946年汇款1000万元作为集美村救济基金；1949年11月11日，集美遭国民党军队飞机轰炸，汇款1500美元作为灾民救济金……

在那个动荡的年代，他们怀着强烈的使命感和爱国热情，将家国情怀、民族大义放在重要的位置。而如今，文确、六使家族的后人同样弘扬着"嘉庚精神"。

中华人民共和国成立后，陈文确、陈六使的侄子陈永和先生继承了家族的优良品德，慷慨解囊，增资香港集友银行，发展集美学校教育基金。集美学校80周年校庆期间，他先后捐资重建集美礼拜堂，设立"集美李厚公益基金会""集美社陈氏共创基金会"，为集美学村乡校教育事业作出了重大贡献。1956年9月，他以新马工商贸易考察团副团长身份，率团首访中国，开展贸易。国庆前夕，他应邀登上天安门观看焰火，受到毛主席的亲切接见。

陈永和先生去世后，陈嘉谋先生秉承先父对家乡的赤诚之心，增资"集美社陈氏共创基金会"，并改名为"陈永和基金"。

2009年，陈嘉谋先生再出资100万元，认捐集美大学第五社区学生公寓"永和楼"。2010年，陈嘉谋先生堂弟、常务校董陈嘉麟先生亦出资100万元，认捐集美大学第五社区七号学生公寓楼"嘉麟楼"。同年，陈六使儿媳张梅女士携家族后裔、常务校董陈锡福、陈锡远、陈锡瑜、陈锡耀共同出资认捐"陈文确陈六使图书馆"。

20世纪90年代以来，陈文确、陈六使家族后裔先后在厦门集美区设立各类公益基金，致力于奖学、助教、济困等社会慈善公益事业，并资助建设了集美师专图书馆，集美大学"陈文确陈六使图书馆""永和楼""嘉麟楼"，集美二小"永进楼""素香楼"等。

如今，文确、六使家族后裔设立的基金会依然发挥着重要作用。2023年10月24日，集美社李厚公益基金、集美社陈永和基金、集美社陈嘉麟奖教基金，三项侨捐基金共67名陈氏族亲、学子受助达12.17万元。其中，李厚公益基金资助27名身患重病、生活困难者50000元，陈永和基金资助22名在校大学生33000元，陈嘉麟奖教基金奖励本年考取硕博研究生、"双一流"院校及高考、中考取得优异成绩的18名学生38700元。

文确、六使家族后裔虽然都侨居海外，但依然心系乡邻，无私奉献。

文确楼——华侨的家

这栋楼（文确楼）是我的父辈们建的，每年清明节，弟弟和我都会回来祭奠我们的父亲。现在的集美变得很美很干净，以前是一个乡村，我们（文确楼）围墙外面就是海，风浪大了海水会喷到家里来，现在填海修建完，很漂亮。

陈宝玉的父亲陈文知因太过劳累，40多岁就回到了故乡集美休养，52岁就去世了。作为儿女，只要条件允许，陈宝玉和弟弟清明节都会回到集美祭奠父亲，他们也见证了家乡一步步的变化。

屹立在闽海之滨的文确楼也在几十年的风雨中，见证了集美的发展。

文确楼位于集美大社海边吃风处，名曰"吃风楼"。文确楼坐北朝南，由前后两栋三层的主、副楼围合而成，融合了西方建筑和闽南建筑元素。大门前有古厝式的凹形门廊，二层正面为西式的横向宽敞柱廊，楼顶正中为观景平房，四周环绕绿色琉璃瓶栏杆，楼体上雕龙画凤的精致图案尽显中式建筑的精妙。

文确楼

因为常年侨居海外，文确、六使后裔虽然也经常回国，但文确楼却鲜少有人居住。多年以来，文确楼虽委托家乡亲戚代为照看，但因长时间无人居住，受风雨侵蚀，已成危楼。

2001年，六使儿子陈永顺、儿媳张梅和文确儿子陈永兴第一次回乡，正式提出了修楼的设想。2005年，陈六使的儿媳张梅等陈氏后裔从海外回乡谒祖省亲，看到这栋近七旬楼龄的祖屋年久失修，岌岌可危，伤感地说，房子是祖辈留下的"根"，如果"根"没了，后代子孙还能从何处追寻家的记忆？2006年，陈嘉谋、陈锡远再次回到集美，提出修楼并不要该楼的产权后，家族终于凝聚共识。

在集美区侨联和集美街道的协助下，居住海外的陈氏后人回到集美，经协商，正式将祖屋托付集美街道代为维修和管理、使用，后来又无偿捐出献给家乡集美。

重修后的文确楼设立"陈文确、陈六使陈列馆"，于2013年10月22日集美学村百年校庆时重新开放，向人们展示陈氏兄弟热爱家乡、奉献社会的一生。家乡为了纪念他们对新马及家乡社会进步事业作出的巨大贡献，在文确楼前竖立雕像，以此表达永久的纪念。

2017年，全国首家华侨文化主题邮局落地文确楼，为侨楼增添了新活力。

走进文确楼内，我们看到的是"华族翘楚，乡贤楷模"八个铜雕大字。一楼主要是邮局和用来展示陈文确、陈六使的生活及其经历。大厅右侧，家族成员及家族脉络清晰可览。左侧，陈列着陈文确与陈六使的生平大事年表。兄弟俩的奋斗历史、对嘉庚先生教育事业的襄助和爱国爱乡的举动，都浓缩在了大事年表中。

二楼则主要展示陈文确陈六使兴资助学、办学，热心公益的事迹：一方面，陈文确、陈六使不仅支持陈嘉庚先生办学，多次通过书信寄钱，积极创办南洋大学；另一方面，两兄弟致力服务华侨华人，捍卫侨胞利益。三楼展厅主要展示家族后裔传承有序，对社会作出的贡献。

文确楼正在积极发挥纽带作用，密切联系海内外华侨华人，践行为侨服务，成为海外侨胞回乡一定走一走、看一看、坐一坐的温馨家园。

2023年10月19日，"嘉庚先生的襄助者——陈文确、陈六使家族史料展"在文确楼开展。当天，陈宝玉和弟弟陈永福携子孙回到家乡集美，海外宗亲约40人共聚文确楼，共享炒米粉、海蛎炸等极具闽南特色的家宴。

陈宝玉与弟弟陈永福几乎每年都回家乡集美。她1949年就跟着家人在南洋生活，过去的时候才8岁，虽然在海外生活多年，但是对故乡依然有着深深的眷恋。

在这次史料展上，陈宝玉的弟弟陈永福也带着孙子回到了集美，回到了文确楼。或许这就是传承，是流淌在中国人血液里的挂念，即便一代人会老去，但终有下一代人接过历史的接力棒，传承下去。"嘉庚精神"如此，爱国爱乡的情怀如此，希望祖国强大的愿望亦如此。

爱国就是教育　教育就是爱国

陈笃豪　口述

陈笃豪

陈笃豪，1938年出生，原同安第三中学副校长。

他的父亲陈延香是同安现代教育的开拓者，与陈嘉庚、陈敬贤是共同办学的挚友。在陈嘉庚的大力支持下，1913年，陈延香创办阳翟小学，1924年创办同安公立初级中学（同安一中前身），陈嘉庚先生为永久校董。1920—1922年，陈延香受聘集美学校总务主任兼集美女子小学校长，代理集美中学、集美师范校长，并参与筹建厦门大学。

陈嘉庚看起来很伟岸，他长得很高，还戴着一个墨镜，而我的父亲当时留着长须，所以看起来陈嘉庚就像是我父亲的弟弟，实际上，陈嘉庚比我的父亲要大十多岁。我小的时候就自作聪明地认为陈嘉庚比我父亲小。刚开始的时候叫"叔叔好"，陈嘉庚说："不对不对，你要叫我伯伯，怎么能叫叔叔呢？"我父亲和我说要叫"嘉庚伯伯"，于是我赶快改口"伯伯好"。

在同安阳翟二房三里，走出了阳翟学校的四位校长。而首任校长陈延香的故居保留至今。如今，87岁的陈笃豪就生活在这里。陈笃豪从福建师范学院①毕业后，便一直从事教育事业。他曾到泉州惠安师范学校和惠南中学任教，调回同安之后，又在同安二中、莲花中学、同安六中、同安三中（今同安实验中学）教学，之后在同安第三中学担任副校长直至退休。而带领他从事教育事业的启蒙者，便是他的父亲陈延香以及爱国华侨陈嘉庚。

陈延香故居大厅

---

① 为福建师范大学前身。

志同道合，相互扶持

陈延香（1889—1960年），又名树坛，字澄怀，号"慧香居士"，同安阳翟人。父亲陈仲信曾是清末秀才，长年在灌口、角美一带任教乡村塾师。自6岁起，陈延香便在父亲的影响下饱受书香氛围熏陶，儒学功底扎实。18岁时，陈延香被角尾（现漳州市龙海区角美镇）的林家聘任为私塾教师，次年，父亲病故。在之后的两年，陈延香继续留在角美一带教书。宣统元年（1909年），灌口人士陈飓臣在同乡会的资助下，将凤山书院①改为"凤山小学堂"，亲任校长和教员，并招揽了一批青年才俊为学校教员，陈延香便是其中之一。

1910年，陈延香在灌口石亭乡加入了同盟会，曾担任文书和宣传一职。次年，他被派往"同安青年自治会"任副会长。武昌起义时期，他与陈仲赫等同安青年自治会会员和灌口天然农场工人大队会攻同安城，逼令清廷知县陈文纬缴印投降，是辛亥革命时期光复

---

① 凤山书院坐落于厦门市集美区灌口镇，清乾隆十一年（1746年），由同安知县张荃在凤山祖庙设立凤山书院，由此奠定了灌口最早的教育基础。该书院为"厦门实验小学集美分校"前身。

同安的元勋之一。

同安光复后，民国二年（1913年），陈延香被选为福建省议会议员。在此期间，陈延香积极为民政民生事业踊跃建言，在"教育救国""实业救国"思潮影响下，他把主要精力都投入同安的教育事业中。在《集美校友名人录》里，他更是被称为"同安现代教育开拓者"。对教育高度重视的陈延香，与同年加入中国同盟会新加坡分会的陈嘉庚、陈敬贤兄弟二人关系紧密，他们互为志同道合的挚友、盟友。据其子陈笃豪回忆：

我父亲实际上跟陈嘉庚的胞弟陈敬贤是同岁，不过我父亲是10月份出生的，而敬贤是1月份出生的，他们跟我父亲的关系可以说是像亲兄弟一样。无论是嘉庚还是敬贤，我父亲都把他们看成自己的哥哥。我父亲字澄怀，在他的回忆录《澄怀忆旧录》里两次提起，他写书信时对嘉庚和敬贤都是以"家弟"来称呼自己。而他对其他人写信，比如陈延谦，虽然都姓陈，辈分也都是"延"字辈，但是称呼却不一样，他用的是"宗弟"二字。从这里就能看出我父亲把陈嘉庚、陈敬贤兄弟俩当作亲兄弟一样。

1. 陈嘉庚倾力相助阳翟学校的创办

1913年，陈延香将自家私宅"荔园书斋"[①]定为校舍，与陈仲赫创办了同安城区第一所近代民办学校"阳翟学校"（现阳翟小

---

① 即西上护厝及后进大厅及拜亭。民国二年（1913年）二月二十三日，开始仅50人分三班，一年级26人在大厅，二年级16人在西顶护厝厅，三年级8人在西顶护厝房，另一房作教员办公休息用。当年在护厝厅两边的木柱上尚挂有木板阴刻楹联，在过道的南耳门还放有六角形的陶制字纸炉（当年中国字不能随便丢，更不能用脚踩写过字的纸，如果不要就得放在字纸炉里）。

学），自己担任首任校长兼国文教员，薪金分文不取。在陈延香亲自编辑的《同安阳翟学校十周年纪念刊》中有所记载："民国二年一月十八日，陈延香、陈仲赫请阳翟诸父老到荔园书斋议组织学校。""二月十七日，行开校礼。"与传统私塾不同的是，阳翟学校革故鼎新，在教育方式上，更注重学生的全面发展，与国际接轨。不仅有国文、算术等基础课程，还注重体育、音乐等多方面的教育。在授课方式上，规定了统一的上下课时间，并且大胆试行了美国的道尔顿制[①]，强调自由以及师生之间的合作，学生根据自己的需求安排学习。这种教学实验，在当时的厦门可以说是较为罕见的。

除此之外，阳翟学校的创办离不开陈嘉庚的倾力相助，据《同安阳翟学校十周年纪念刊》记载："先后经陈嘉庚诸公捐助常年经费，得以维持。"1917年6月29日，陈嘉庚首捐大银2000元用于学校的建筑费用，常年费300元；1921年，他又捐资大银4350元。（陈嘉庚捐资金额还有另一种说法：阳翟学校先后获得陈嘉庚资助的建筑费、常年费等费用，合计5684块大洋。）而对于阳翟学子，凡在集美学校读书者，可享受学费减免的待遇，困难学生还享有补助金，由此可见陈嘉庚对阳翟学校办学的重视。陈嘉庚也被聘请为阳翟学校的永久校董。时任集美学校校董的叶渊在赠予阳翟学校校庆20周年的镜匾上题词："阳翟建校，同我集美。演进过程，亦颇相似。小学初立，中学继起。缔造艰难，栽培杞梓。济济人才，深厚根底。蔚成国器，民众仰止。教训廿载，昭阳再纪，求轸方长，作范仁里。"

陈延香提倡"教育，首先充裕经费"，并于1916年至1928年，

---

① 道尔顿制：是一种在20世纪初由美国教育家帕克赫斯特创行的教学形式，其教育原则强调"自由"和"合作"，目标是启发学生的自主性，强调团体活动中合作的交互作用。

四次出洋募捐。正如其子陈笃豪所言：

  我父亲到南洋去集资的时候，就非常重视学校的教育，他到每一个地方都要认真地去考察学校的教育情况，可以说是"洋为中用"。不过没有嘉庚的支持，我父亲是不可能到南洋各地去筹款的。

  1928年8月，陈延香第四次去南洋募捐，抵达新加坡时，在怡和轩俱乐部会见了陈嘉庚。当时，陈嘉庚的公司已面临经营问题，但仍慷慨捐款2000元。除此之外，对于本次的出洋募捐，陈嘉庚也在点点滴滴的细节当中给予了最大的支持与照顾，并且以公司的名义介绍陈延香到设有分行的海外各埠，协助募捐。在陈延香的故居中，如今仍保留着当时陈嘉庚公司赠予的行李箱。据陈笃豪描述：

  家里面还有陈嘉庚公司送的行李箱。陈嘉庚公司是由陈嘉庚创办的，所以我猜想当时他肯定是放话说要支持我父亲到南洋去，毕竟募捐不是一件容易的事，而且我父亲又是一个从穷僻村庄出来的青年，更要给他支持。于是就送上两个行李箱，用来收纳必备的衣服用品。从这件事里能够看出嘉庚先生对教育非常重视，对教育的重视是点点滴滴的，在很多细节上都可以体现出"嘉庚精神"。

陈嘉庚公司赠送给陈延香的行李箱

2. 陈敬贤掩护相助陈延香等人逃脱图圄

为人正直的陈延香忧国忧民，疾恶如仇。他在《延香建言录》的自序中曾写道："明知时局蜩螗，徒口贾祸，亦不稍存顾忌，致我职权，耿耿此心，差堪对我父老兄弟耳！"[1] 他的犀利弹劾触及当地权贵与贪官污吏的利益，他们对陈延香恨之入骨。护法运动爆发后，支持孙中山革命的陈延香得罪了北洋军阀李厚基与厦门行政当局。1917年10月，北洋军阀诬蔑他与孙中山有密切联络，令军警对陈延香、陈仲赫等人进行逮捕。为躲避通缉，陈延香等人逃至陈敬贤的家中。陈敬贤试图疏通厦门行政当局，以求撤销通缉令。失败后，陈敬贤为他们准备好了生活所需盘缠，并安排"集通行"[2]的负责人孙国栋购买了前往香港的头等船票，让集美学校电船搭载他们前往鼓浪屿登船避难。在陈敬贤的掩护下，陈延香等人顺利乘坐日本"开城丸"轮船前往香港。度过通缉之难后，1918年，陈敬贤致函陈延香，邀请他从香港北上到上海会合，共同前往江苏、浙江考察教育，为集美师范学校选聘师资人才。

我父亲跟陈敬贤一起到江苏、浙江考察，其中以浙江为重点。因为江苏当时主要开办的都是一些纺织学校，用今天的话说就是职业学校，跟我们办师范学校的关系不大。于是他们重点考察了浙江各类学校。我父亲非常用心地进行考察，路途所需要的费用主要是陈敬贤承担。

---

[1] 陈延香：《延香建言录》，同安：同安阳翟学校商店，1924年，第3页。
[2] 陈嘉庚在厦门设立"集通行"，专门负责集美学校和厦门大学的经济汇兑。

3. 陈延香协助陈嘉庚筹建厦门大学

正如《建校十周年概况》一文所著："知欲破除宿怨，转移风俗，非教育不为功"，陈延香与陈嘉庚在教育理念上惺惺相惜，在办学救国的道路上相互扶持，共同为教育事业作出了杰出的贡献。

1918年，集美师范、集美中学同时开学，随着规模扩大，师资匮乏成为陈嘉庚兴学之路上的一大难题，因而倡办厦门大学的目的之一便是为集美学校培养师资。他指出："师范学校既成立，而欲求师范学校之教员，比之小学教员为更难。于是又觉非办大学或高师，不能为功。查全国统计，除教会建设外，只有五间高师，数间大学，毕业生供不应求。故厦大之设，非仅为集美学校计，乃为全省全国计，其宗旨以培养教师人才。"[1]

1919年6月，陈嘉庚从新加坡返回故乡集美，他一边勘地筹办厦门大学，一边解决集美师范学校师资问题。他设立陈嘉庚办事处[2]，负责管理集美各校和建设校舍等事务。1920年至1922年，陈延香受聘任职集美学校总务主任兼集美女子小学校长，代理集美师范学校、集美中学校长。在集美女子小学校编印的《一个小学一年来的一事一物》中有所记载："（民国）七年冬洪君[3]去世，接任者为陈延庭君。陈君居一载，因事辞职，乃请陈延香代理……九年七月，叶采真君长（掌）集美学校，始分划各部，部设主任，以校长总理之。乃以陈延香为主任。"他不仅协助陈嘉庚主持校务，还参

---

[1] 1926年3月1日，陈嘉庚先生在新加坡怡和轩欢送林文庆先生的饯别会上对厦大属性误解的回应。

[2] 1919年6月，陈嘉庚从新加坡回到集美，设立陈嘉庚办事处，亦称校主办事处，管理集美各个学校和建筑校舍等事务。

[3] 洪君，指的是集美女子小学首任校长洪应祥。

与了厦门大学的筹建工作。

20世纪20年代到30年代，我父亲原本是在同安这边的学校当校长。后来他受嘉庚先生的委托，要他到集美学村的多个学校当校长领导，支持一下学校工作。同时，他还参与了厦门大学的筹建工作，在20年代的时候，他在《延香建言录》中提到，代陈嘉庚校主，向省里面申请演武场的地皮。当时在厦大可以直接看到海，不过现在都变了，变化很大。当时那个地点大家争着要。由于在省政府里面有与我父亲相熟的议员，所以他就协助嘉庚先生筹建厦门大学。

在厦门大学创办初期，陈嘉庚欲择址演武场。他认为："校址问题乃创办首要；校址当以厦门为最宜，而厦门地方尤以演武场附近山麓最佳，背山面海，坐北向南，风景秀美，地场广大……厦门虽居闽省南方，然与南洋关系密切，而南洋侨胞子弟多住厦门附近，以此而言，则厦门乃居适中地位，将来学生众多，大学地址必须广大，备以后之扩充……"[①] 于是陈延香代陈嘉庚撰写了《代陈校主恳划演武亭旧址建筑厦门大学呈文》[②]，为厦门大学择址演武场向厦门道尹[③]陈培锟报告。在呈文中，陈延香指出："则必赖有适宜之地点，庶民以壮观瞻，而便推广。演武亭为南洋轮船出入必经之地，大学校建筑该处，俾一般华侨来往南洋之时，可以触于目而印于心。激

---

① 陈嘉庚：《南侨回忆录》，上海：上海三联书店，2014年，第13页。
② 内容详见附录。
③ 道尹，是中华民国时期的官名。民国三年（1914年）5月，袁世凯公布省、道、县官制，分一省为数道，全国共九十三道，改各省观察使为道尹，管理所辖各县行政事务，隶属省长。其任用由省民政长官经由国务总理呈请大总统特批。民国十三年（1924年）6月，北洋政府内务部通令废道制，裁撤道尹。

发其爱祖国、爱大学之观念。"

学校复办　一波三折

　　以前的公立学校和现在不一样，以前的公立其实是民办的意思，（比如）大家凑钱一起创办的同安公立初级中学。我父亲的办学离不开嘉庚的支持，他在这里面出了很大的力量，不过当时不仅有华侨，还有来自厦门、上海等地的一些热心人捐资，所以学校不好叫作侨办，也不能称作嘉庚创办。

　　1924年，在陈嘉庚的鼎力支持和陈延香等人的多方努力下，阳翟学校设立了"同安公立初级中学"（该校为同安一中前身），而陈嘉庚也是同安公立初级中学的永久校董。

　　1931年，教育局训令将"公立中学"改为"县立初级中学"。1934年，当时的省教育厅以生源匮乏等理由，责令停办同安县立初级中学，直到1941年2月，以埭柄村为校址，学校正式复办。学校得以复办的背后，离不开陈嘉庚的付出。

　　1940年，陈嘉庚从延安考察回来，返回同安县城，我听说他们是先到陈太傅祠烧香拜祖宗，然后陈嘉庚就跟他们同行的人说："就不要等我了，我去外面找找朋友。"我想，这里面是大有文章的。当时他为什么一定要来阳翟呢？一共有三个原因：

　　其一，他跟我的父亲是要好的兄弟，要来我家见我父亲。

　　其二，我想他是要避开县政府，当时县政府可能会设宴邀请，给他接风洗尘。他本来就看不惯国民党的作风，从重庆到延安，他非常赞赏延安精神。因此他要避开这样的宴请，到我家来。在那个时候这里有一条输送物资的路线，是从现在的丙洲对面的码头通过马车运送物资，来自厦门或者漳州等地进行海运的货物，都放在那个码头，然后通过马车进行输送。当时已经快到中午了，刚好有一辆马车，驾车的小伙子要到县城，于是陈嘉庚就坐上车。他当时一直要给小伙子路费，但是小伙子不肯收。他问陈嘉庚要到哪里，陈嘉庚说："我要到阳翟，要找陈延香。"那个小伙子说："我这个是货车，不是专门载人的，而且你是要找陈延香，那我就更不能找你拿钱了。我回头的时候还可以带你回去，下午 2 点钟，我到陈延香家里去找你，我们一起进城。"

再说他到我的家里来，虽然他和我父亲关系犹如亲兄弟一样，但毕竟是贵宾，我的母亲就一直要舀米去煮干饭来招待他。但陈嘉庚不肯，说"你们煮什么，我们大家就吃一样的"。当时我一家有十几口人，平时就吃地瓜粥配酸菜脯，这在农村是很好的伙食了。陈嘉庚一直不肯让我母亲去舀米煮饭，他一定要和我们一样吃地瓜粥配酸菜脯，他说："这样吃就很好嘛，这个是同安农村的家常便饭，我好久没有吃过了，今天有幸，吃的是家乡的菜饭。"

其三，他来阳翟见我父亲是他要了解同安的教育情况。我父亲和陈嘉庚诉苦说同安公立初级中学被停办了。陈嘉庚问及原因，才得知是因为我父亲得罪了很多县太爷，当时县太爷要刁难他，不让他办。

1940 年 10 月，为了让中学复办，陈嘉庚在同安莲花镇坂柄村视察，决定以自己的名义办一所"集美中学分校"，于是学校筹备工作紧锣密鼓地展开。然而办学之路困难重重，政府不准私立学校开办分校，集美中学分校仅存在84天，于1941年1月20日被迫停办，移交给县政府，改名"同安县立初级中学"。同年2月中旬，同安县立初级中学招生开学。对于这段往事，陈笃豪回忆道：

  后来我听说，他们在中午吃饭的时候就重点讨论中学怎么复办，既然县政府不允许我父亲办，那陈嘉庚自己办总是可以的吧。于是陈嘉庚就在莲花镇垵柄村物色了一个当地人，叫叶敦煌，让他担任筹备处主任，学校的名字就叫集美中学分校，陈嘉庚要以集美中学分校的名义来办学。当时的师资和课桌椅听说是从同安公立初级中学搬过去的，也有人说是从集美带过来的。不过至少有一部分是从同安这边搬过去的，因为当时在同安公立初级中学当老师的哥哥和姐姐都到集美中学分校那边去教书了。陈嘉庚在同安办学就是要办中学，后来又没办成，是因为当时嘉庚先生跟省政府主席陈仪有矛盾，陈仪不让他在同安办学校，就找了个借口，说私立学校不能办分校，只能由公家来办。县政府被逼得没办法，只好接手把学校继续办下去，所以当时学校又叫作同安县立初级中学，这个过程就是这么曲折。

儿时回忆　历久弥新

  出身于书香世家的陈笃豪先生，经常见到父亲与陈嘉庚在家中讨论教育工作，对他的教育事业也产生了潜移默化的影响。据陈笃豪先生回忆，少年时，父亲带他去集美见陈嘉庚，还发生了不少趣事，给他留下了深刻的印象。

这个是我到集美去见嘉庚老先生发生的故事，当时我十几岁。之前听我妈妈说，嘉庚先生在1940年的时候过来，我那时只有两岁左右，但是给嘉庚先生留下了比较深刻的印象。所以，嘉庚先生让我的父亲带我去集美见他。

嘉庚先生牵我进去，问我叫什么名字。本来我很畏生，后来自己又把他叫错了，表现得就不是那么大方。不过嘉庚先生是既伟岸，又和蔼可亲。他拉着我在他的身旁，听我跟他讲我的三哥（他当时正在集美商校，即现在财经学院的前身）。嘉庚先生知道我三哥在集美读书，他很高兴，于是就从抽屉里面拿出一支钢笔，让我转交给三哥。这支钢笔是派克牌的，在当时非常值钱，甚至都没地方去买。不过后来很可惜，那支笔在"文革"的时候弄丢了，没保留下来。这支笔是我亲自带给三哥的，我很重视。我记得嘉庚先生非常客气地对我说："委托你把这支钢笔送给你的哥哥，用这支钢笔鼓励他，让他好好学习，将来为社会作贡献。"从这件事也能说明嘉庚先生对我们家庭非常重视，对整个教育事业也非常重视，这些点点滴滴对我们的教育起到潜移默化的作用，所以我们都由衷地感谢嘉庚的教育精神。

五代人躬耕教坛，为国育才

受到"嘉庚精神"的感召以及父亲的谆谆教诲，陈笃豪等子孙后代接过教书育人的接力棒，薪火相传，弦歌不辍。陈笃豪的二哥陈笃嘉从上海东亚体专毕业后，便到同安县立初级中学担任体育教师，培养了诸多体育人才；姐姐陈端庄和姐夫杨锡彰也留在本校担任初中地理老师和高中语文教研组长。

陈嘉庚的精神对我们整个家族的影响是深远的，我父亲办学也受到嘉庚先生的重视。我们家之所以成为教育世家，也是受到"嘉庚精神"的影响，而"嘉庚精神"的核心就是重教育。所以我们一家五代人，从我的爷爷算起、我的父亲、我、我的儿子还有我的孙子都是在学校当老师。

悬挂于陈延香故居的"教育世家"牌匾

1947年，同安县立初级中学校址从莲花镇垵柄村搬迁至城关孔庙，陈端庄夫妇二人更是潜心教学，甚至住在孔庙之内。姐夫杨锡彰毕业于黄埔军校，据陈笃豪回忆，每天课余时间，他都会在大成殿内批改作文。像姐夫这样敬业的教师，当时在学校还有很多。艰苦岁月，读书不易，学生们也发愤图强，珍惜这来之不易的学习机会，使得这所百年名校人才辈出。

最早我们在同安县立初级中学读书的时候，学校是设立在孔庙跟附近的一些地方，当时学校非常困难。我姐姐陈端庄当时在本校教地理；我的姐夫杨锡彰是语文教研组长。他们夫妇两人就住在孔庙内，当时在大成殿南回廊那边，临时搭盖了一些教师宿舍，他们两个就住在里面。其实他们的家在西桥对面，本来住在家里会比较舒服，但为什么要搬到学校去呢？是为了方便认真教学，从这也能说明当时我父亲教育有方。

这些都是受"嘉庚精神"的影响，他们当时都是以办学爱国的教义作为他们办学的方向，"爱国就是教育，教育就是爱国"，当时的理念就是这么一回事儿。

附录

代陈校主恳划演武亭旧址建筑厦门大学呈文

呈为筹办大学，恳划演武亭旧址建筑校舍，以宏教育而广造就事。窃吾闽值强邻环伺之际，当存亡绝续之秋，扰攘风云实懔，栋折榱崩之惧，振兴教育应具救焚拯溺之心。嘉庚蒿目时艰怆怀国难，外观世界趋势，内审本省情形，以为欲图补救吾闽危机于万一，非速行筹办大学高师不可，谨将倡办大学情形及呈请办理事实分述如下：吾闽兴学二十余年，其所以未大著成效者，盖以六十三县土地之广，三千余万人民之众，省立中学仅有十三所，初级师范仅有四所，莘莘学子欲负笈远方求高深学识，类多因费重难支中道而止。以故人才寂寥，师资缺乏，教育普及等诸河清。吾闽苟有大学高师，则不特学子省费千于（余）而来，而全省中学师范当更能奋发精神，认真整顿，此关于大学之必宜兴办者一也。学校以经济为命脉，大学高师需款甚巨，嘉庚于民国九年起愿捐开办费一百万元，预计十年秋季开校续捐常年费二十五年，年十二万元，共四百万元。虽细流片壤不足成山海之高深，然嘉庚侨居南洋三十年，各属资本家均与有，旧大学高师开办后华侨之急公好义者必能源源捐助将来大学，基金可希望其达至千万元以上，基金既固可为吾国南方第一完全之大学校，此关于基金之无虑竭蹶者二也。大学之基金既能巩固则必赖有适宜之地点，庶足以壮观瞻而便推广。演武亭为南洋轮船出入必经之地，大学校建筑该处，俾一般华侨来往南洋之时可以触于目而印于心，激发其爱祖国爱大学之观念。至附近该处民田土地洼下不合建筑，仅可充试验场之用，此关于地点之必从演武亭旧址先行建筑者三也。查演武亭地方现为军队操练之所，当嘉庚本年七月十三日假座浮屿陈祠函邀各界开会之时，接思明来知事、同安高知事转臧司令示，指该处为军用地，碍难让给。八月十三日嘉庚亲诣贵署，述创办大学校与将来联络华侨之关系，承面允转请李兼省长，并承面商臧司令准予划出演武亭旧址，现在所定先行建筑之地，以图中心所注甲乙丙丁为各界，甲点近下澳仔南北墙角，乙点在蓝色许母李太君之茔前，丙点在王姓田中，丁点在顶下澳仔大路中，计面积七十八万七千二百九十一平方尺，共一百三十一亩又百分之十八，即英尺十六万七千八百二十五平方尺，共十九英亩又百分之九十二，内官地约六十亩又十分之六，即九英亩又十分之二。此外，滨海官地不下七百余亩，现多成荒冢，以绝好江山尚有余地可充坟墓之场，至军队之操场更不虞其缺乏。今仅恳请先行划出官地六十余亩以便建筑，此关于地点之不与军队操场有所妨碍者四也。现定校址有民地十余英亩，若由私人自行购买，恐各地主或藉词刁难或多方要挟，此关于民地之应请依据土地收用法，订定公平价格者五也。总之创办大学头绪纷繁，应办种种，非笔墨所能罄，特呈演说词二本备览。伏念国步艰难，生聚教训虽属政府之责，然而吾国政府财政之现状尚无余力可以推及吾闽，嘉庚用是不得不略尽国民义务以助政府之不逮，唯私人经营诸多棘手，尤必仰赖政府之补助，俾便从速计划兴工建筑，庶他日属桃李于春官，不忘所自咏菁莪于小雅，咸颂作人相应呈请。

道尹先生察核迅予转呈，李兼长咨部准予存案，不胜急切待命之至，所有大学章程应俟筹办完备时具报转呈合并声明谨呈。

厦门道道尹陈

今天的故事　明天的历史

陈经华　口述

陈经华

陈经华，生于 1943 年，《集美校友》原主编、集美陈嘉庚研究会原副会长。

陈经华 1965 年毕业于厦门大学英语专业，曾任铁道部国际联络局翻译，1974 年调入集美航海学校任教，1999 年任集美大学外语教学部首任主任，曾获评"福建省优秀教师"、获厦门市人民政府"耕耘奖"。业余从事写作，是福建省作家协会会员，曾任集美区作家协会主席。

陈经华致力于弘扬嘉庚精神40余年，著有《百年往事》《嘉庚弟子》及英语读本《陈嘉庚》等书。

对陈嘉庚先生的研究，我们的确要不断地深入挖掘，但后人继承、传扬"嘉庚精神"的事迹，也应该成为陈嘉庚研究的一个重要内容。今天的故事，将成为明天的历史。正是出于这样的目的，我把一些我所知道的事情记录下来，写成书。

"联络校友，勿忘诚毅，服务母校，服务校友，服务社会。"[1]这20个大字是集美校友总会会刊《集美校友》的办刊宗旨，也是陈经华这几十年来的处世原则。他在铁道部担任9年翻译后，于1974年来到校主陈嘉庚先生创办的集美航海学校任教，投身教育。自此，他与集美、陈嘉庚结下了不解之缘。

---

[1] 出自厦门市集美学校委员会官网。

与嘉庚先生结缘，40年笔耕不辍

1983年，在集美航海专科学校任教的陈经华与集美师范学校中文系林懋义老师应广州《羊城晚报》海外版的稿约，撰写了《陈嘉庚的故事》，陈经华负责撰写，林懋义负责审阅、定稿。作品署名"陈彬"，在《羊城晚报》上连载三个多月。故事近十万字[1]，内容翔实生动，讲述陈嘉庚先生倾资兴学的艰苦历程和卓越成就。连载引起了广大读者的关注，在社会上引起了强烈的反响，洗去蒙在陈嘉庚先生身上的尘埃，让世人重见陈嘉庚先生作为伟大的爱国华侨领袖和伟大教育事业家的光辉形象。此后，《福州晚报》又以《陈嘉庚的后半生》为题，连载书稿的后半部，内容主要是陈嘉庚先生领导侨众抗日救国和率先投身祖国建设事业的感人故事。为了写作此书，陈经华研读了大量有关陈嘉庚先生的生平事迹和其他有关材料，对陈嘉庚先生有了比较全面的了解，对他油然而生了无限敬仰和崇敬之情，自此走上了研究、弘扬"嘉庚精神"的道路。据陈经华回忆：

---

[1] 内容参考自任镜波《共事四十年》。

我与陈嘉庚先生结缘，源于 1983 年。那个时候，集美学校正在筹办 70 周年校庆，广州的《羊城晚报》来厦门组稿，要找人写有关陈嘉庚先生故事的连载稿子。那个时候，我已是福建省作协的会员，因此集美师范学校的林懋义老师就来找我，要我与他合作，撰写《陈嘉庚的故事》。稿子写就后，在《羊城晚报》连载了三个多月。其间，《福州晚报》知道我们有这文稿，也要求发表，但希望内容与《羊城晚报》有所区别。于是，我们选取文稿的后半部，定名为《陈嘉庚的后半生》。稿子在《福州晚报》大概也连载了三个月。这便是我与陈嘉庚先生结缘的开端。

陈经华曾写过电影文学剧本，有编故事的经验。凭借深厚的文学功底和敏锐的洞察力，他将挖掘到的有关陈嘉庚先生的史料巧妙地编写成一个个引人入胜的故事。

2013 年，为纪念集美学校百年华诞，集美校友总会携手《集美校友》编辑部，策划出版《百年树人》与《百年往事》两本书。陈经华负责《百年往事》的撰写工作。他以翔实的史料，细腻的笔触，生动地描绘了集美学校历经的百年沧桑与取得的辉煌成就，展现了陈嘉庚先生倾资兴学的丰功伟绩以及一代代集美学子奋斗与成长的动人事迹。此书与《百年树人》的出版，不仅为集美学校百年校庆献上一份厚重的礼物，也为广大校友和社会各界人士提供了了解集美、感受"嘉庚精神"的重要读本。

陈嘉庚先生的故事我写了好几个版本，但要我准确地说有几个，我也说不清楚。这些故事只散见于报纸杂志或文集之中，真正独立成书的一本都没有。直到 2013 年，集美学校 100 周年校庆之际，集美校友总会组织出两本书，一本叫《百年往事》，另一本叫《百年树人》。《百年往事》讲述的是集美学校百年发展史，带有一定的故事性。书稿由我撰写，这是我写的第一本独立成书的有关陈嘉庚先生的书。

自1983年至今，40多年过去了，陈经华为弘扬"嘉庚精神"、宣传校友事迹，笔耕不辍。

讲嘉庚弟子故事，再现诚毅精神

我是个年过古稀之人，几十年以来都在和文字打交道，但从来没有写书的念头。2013年是集美学校百年华诞，按照集美校友总会的总体计划，我陆续写了点应景的东西，在《集美校友》上发表。这些文章最后集中在一起，竟然也有洋洋洒洒三十几万字，成书出版时，定名为《百年往事》。《百年往事》练了我的胆，更重要的是让我发现了一个了不起的人，一个几十年如一日恪守集美学校"诚毅"校训的人，一个时时处处都在弘扬"嘉庚精神"的人，一个为光大嘉庚事业孜孜不倦、默默奉献的人，一个和集美学校近50年的发展密不可分的人。他不是别人，而是与我朝夕相处几十年的同事，我亦师亦友的领导。我被他的事迹所感动，为他的精神所折服。这个人就是任镜波。

这是陈经华写在《嘉庚弟子》书前的一段话。透过这段文字，我们可以感知陈经华创作这部作品的初衷与情感。陈经华与任镜波是忘年之交，他们之间的友谊建立在共同的价值追求、对嘉庚先生的

陈经华著《嘉庚弟子》

敬仰和弘扬"嘉庚精神"的事业之上。任镜波为弘扬"嘉庚精神"，推动并发展嘉庚事业，付出了巨大的努力和心血。他默默无闻地奉献，不求回报，用实际行动诠释了"嘉庚精神"的真谛。陈经华亲眼见证了任镜波的付出和贡献，深受其精神的感动和启发，于是，萌发了创作《嘉庚弟子》的念头。经过他几年的努力，几易其稿，2017年《嘉庚弟子》终于成书出版。该书以任镜波为穿场人物，以真实生动的笔触，讲述陈村牧、李尚大、黄永玉、庄重文、蔡继琨等集美学校杰出校友的感人事迹。陈经华希望通过这些校友的感人事迹，让更多的人了解嘉庚精神的内涵和价值，感受集美学校校友们的爱国情怀和奉献精神，激发更多人的内心共鸣和对他们的崇敬之情，共同为传承和弘扬嘉庚精神作出新的贡献。

在写《百年往事》的过程中，我发现集美学校在 20 世纪 80 年代之后，有很多重大事情跟任镜波老先生有关，要么是他发起组织的，要么就是他带头做起来的。所以我觉得，集美学校自 20 世纪 50 年代至今的几十年发展过程中，他是一个不可或缺的人物，起到了很重要的作用。于是我萌发了写《嘉庚弟子》这本书的念头。这本书主要是写任镜波老先生，以及由于他的努力工作而联系到的许多很杰出的集美校友，比如陈村牧、李尚大、黄永玉、庄重文、蔡继琨等人。这些集美校友是此书的主要人物，他们的事迹是构成此书的主要内容。我为此书投入了真挚的感情，付出了大量的心血，我非常珍惜这本书。陈嘉庚先生是一个伟大、了不起的大人物，对他的研究涵盖了多个方面，如理论讲究、人物传记、影视作品等。但是在陈嘉庚先生思想的传承方面，我认为还有一个很重要的方面必须大力加强，那就是他的后人以及学生如何学习他的榜样，把他的精神发扬光大，为社会作出新的贡献。而《嘉庚弟子》所写的这些人，恰恰在这方面给了力、添了彩。

那为什么是由我来写这本书呢？因为我当时是《集美校友》的主编，任镜波是《集美校友》的社长，工作关系非常紧密。我们的私人感情也很深，他把很多不便对别人讲的话对我讲了，我知道的事情比较多。我觉得，把他们的故事写下来，把他们的事迹记录下来，最少会是一份有用的材料，将来会成为珍贵的史料。这就是我当时写这本书的动机。这本书的写作和出版得到了中共集美区委宣传部的大力支持。初稿在集美区的《集美报》上连载，之后又在集美文联主办的文学刊物《集美风》[①]里连续刊登。此书定稿后，又是在集美区委宣传部的支持下正式出版的。2023 年，集美校友总会换

[①] 原为集美区文联主办的纯文学刊物《新海湾》，2012 年，刊物改为综合性文学季刊，刊名改为《集美风》。

届的时候，新一届的理事会决定重新印刷这本书，因为这本书对传承"嘉庚精神"，发扬校友爱校爱国精神，起到了很大的作用。该书于2023年再次印刷发行。

任《集美校友》主编，传播动人的嘉庚情

1998年，曾任集美航海学院基础部副主任的陈经华刚从新加坡国立大学访学归来，便收到了任镜波的诚挚邀约，担任《集美校友》副主编一职。2000年，他被委任为主编，肩负更重的责任。在《集美校友》工作的20余年中，陈经华兢兢业业，对编辑工作精益求精。在他的带领下，编辑部的工作井然有序地开展，刊物质量稳步提升。经过他和同事们的不懈努力，刊物从里到外都发生了很大的变化，面貌焕然一新。陈经华的贡献得到了福建省委宣传部原副部长卢承圣的高度赞誉，称他为"侨刊乡讯泰斗式的人物"。

历经百年沧桑的《集美校友》自1980年复刊以来，在陈村牧、任镜波、陈经华等一代代人的不懈努力下，已成为弘扬嘉庚精神的重要载体、沟通校友情感的桥梁。

回溯历史。1920年5月22日，陈嘉庚先生高瞻远瞩，创立了集美学校校友会。同年10月，在集美学校任教的文史地学家范毓桂主编了《集美校友会杂志》，次年，范毓桂与国文、历史教师黄鸿翔共同出版了《校友会旬报》，并于1942年2月更名为《集美校友》。《集美校友》出版了31期，之后有关校友的活动讯息，便统一由《集美周刊》报道。1980年12月25日，《集美校友》复刊

词①，在新时期焕发出新的生机与活力②。

在担任主编的过程中，陈经华收到了大量来自校友的稿件，其中不乏内容生动、感人至深的佳作。对此，他印象深刻。他说：

我从2000年开始担任《集美校友》主编，收到了不少让我印象深刻的稿件，有一些十分感人。有些故事，我已提供给有关宣传部门。如今，在集美街头还能看到这些小故事。其中有一篇叫作《一个铜牌的故事》。讲述的是陈嘉庚先生在创办厦门大学的时候，他给每个参与基建的人一个铜牌，而且说，将来若有需要，可以拿着这个铜牌去找他，他会提供帮助。有一个人要去印度尼西亚继承遗产，途经新加坡时，得知印尼家庭发生变故，进退两难。于是，他拿着这枚铜牌去找陈嘉庚先生。陈嘉庚很热情地接待了他，并提供帮助。这人到了印尼，从事修车业。后来回国后参军，在军队里负责汽车维修，之后成了一个级别较高的军官，对国家作出很大的贡献。此外，还有很多故事，让人印象深刻。比如响应陈嘉庚回馈母校的号召，陈维风挑着书籍和女儿，"千里走单骑"到大田任教；俞文农放弃优厚待遇，回母校任教……这些稿件都在《集美校友》上刊登过。

编写英语读本，嘉庚学子必读

作为一位资深的英语教师，陈经华不仅在教学上经验丰富，认真负责，深受学生欢迎，而且能够利用自己的业务专长，将学术研

---

① 详见附录。
② 内容参考自集美校友总会官网。

究与实际应用结合起来。他编写的《陈嘉庚》(Tan Kah Kee)英文读本，从陈嘉庚先生的生平事迹和卓越贡献中，精选了一些具有代表性的事例和故事，用准确而生动的英语进行叙述和解读。在编写过程中，陈经华不仅注重语言的准确性，还充分考虑到学生的阅读和接受能力，在选词造句方面力求平白简明易懂，并在文章后加上词汇表与练习题，书后还附有汉语译文，力求读本既有一定的学术底蕴，又易于被广大读者理解和接受。这本英文读本一经出版，便获得了菲律宾著名侨领陈永栽的认可。2012年，陈永栽特别提出要求，希望为菲律宾参加中文夏令营的华裔学员用英语开设《陈嘉庚》课程，而所选用的教材正是陈经华编撰的《陈嘉庚》。在谈到编写英语读本的初衷时，陈经华如是说：

因为我是英文老师，还在集美大学外语教学部门负责领导工作。我一直觉得，在陈嘉庚先生创办的学校里教英语，自己理所当然地要在与海外陈嘉庚研究机构和研究人员的沟通中起到应有的作用。我一直想翻译一两本有关陈嘉庚的书，无论是中译英，还是英译中。编写英语阅读教材《陈嘉庚》，圆了我的心愿。这本读物在集美大学的诚毅学院、海外教育学院及文科院系普遍使用；一段时间内，非文科专业也普遍使用此教材。现在，厦门市陈嘉庚教育基金会每年都招收相当数量的海外学生来厦门读书，从中学生到博士生都有。这些学生被称为"嘉庚学子"。基金会要求嘉庚学子们认识并了解陈嘉庚。这本书是他们的必读之书。

学习嘉庚品格，弘扬"嘉庚精神"

在学习、研究陈嘉庚先生并致力于推广和弘扬"嘉庚精神"的道路上，陈经华始终得到领导和身边朋友的鼓励与支持。其中，任镜波是他在这条道路上最为得力的良师益友，给予他巨大的帮助和鼓舞。

说实在的，我对陈嘉庚先生十分敬佩，对他的精神，我万分敬仰。我周围的人，身边的朋友，许多是陈嘉庚先生的追随者、"粉丝"，非常崇拜陈嘉庚先生。第一次交给我关于陈嘉庚先生故事的写作任务的是集美师范学校的林懋义老师。他是位有名气的文化人、作家，写过不少关于陈嘉庚先生的文章。1983年，广州《羊城晚报》到厦门组稿，找到他，要他写一部关于陈嘉庚故事的连载稿子。他接受任务后，便找人合作。大概是因为我那时已是省作协的会员，惺惺相惜，他便找我。我很高兴，答应与他合作，由我来写初稿。可以说，没有林懋义老师的引荐，给我机会，便没有我从事学习、写作陈嘉庚故事的开始，可能也就没有以后几十年的嘉庚缘。

《陈嘉庚的故事》初稿完成之后，时任集美航海学校办公室主任的任镜波老师帮助安排打字、油印。后来，我担任《集美校友》的主编及写书，都和任镜波老师的推荐、鼓励、支持有关。

集美区委宣传部的几任领导对我也非常关心。没有他们的帮助和支持，就没有我在陈嘉庚研究方面取得的成绩。

应该说，陈嘉庚先生及其精神对我的教育和影响是巨大的，但始终是潜在的、无形的，而真正推着我往前走的，是我周围这些弘扬嘉庚精神的领导和师长。我对他们始终怀着无限的感恩之情。

对于"嘉庚精神",到现在为止,有各种各样的总结和表述。但是,我认为嘉庚精神的核心,是他自己说的"尽国民一分子之天职"。

谈及"嘉庚精神",陈经华表示,还应更多地关注那些弘扬、传承嘉庚遗风的模范人物及其事迹。他们的行动无疑是对"嘉庚精神"最为生动的诠释,是"嘉庚精神"看得见的、真切的现实体现。通过他们的事迹,我们可以更深刻地理解和感受"嘉庚精神"的内涵和价值。

对嘉庚精神的传扬,一方面我们应继续对陈嘉庚先生的思想、实践等方面的史料进行深入的挖掘、分析研究;另一方面应加大对那些传承"嘉庚精神"的模范人物及其事迹的宣传力度。他们及其事迹是非常有感染力的,也是广大人民群众最容易接受的。安溪有一个集美校友叫施金城,他是印尼华人,做的是利润很薄的铁钉生意。他不能算是有钱人,生活很清苦。印尼天气很热,他家不用空调,只用风扇。他家的风扇已非常老旧,一开机就"咯吱咯吱"响个不停。就是这样一位集美校友却在安溪捐了一亿余元人民币,创办多所学校。在一次陈嘉庚国际研讨会上,我作为大会最后的一位发言人,轮到我发言时已经很晚,且我准备的内容前面发言的人大都讲过了。我灵机一动,讲起这位老校友的故事。当天,他正坐在台下听着讲演。我把这位校友克勤克俭、捐献巨资在故乡安溪创办学校的故事讲给大家听,时时爆发出热烈掌声。施金城老先生也很感动。之后在中央电视台的一档节目里,施金城老先生作为传承"嘉庚精神"的典型被播报出来,成为一件很鼓舞人心的事。

嘉庚先生是一位非常务实的人，他一生憎恶说大话、空话、假话。诚信是陈嘉庚先生为人的品格。我们今天学习"嘉庚精神"，首先要学习嘉庚先生为人的品格，以此来弘扬"嘉庚精神"。只有这样，"嘉庚精神"才能得到落实，也才有真正的意义。

附录

《集美校友》复刊词

　　集美学校校友会恢复活动了,这是数万校友所日夜盼望的。为了适应会务发展的需要,原来校友会创办的会刊——《集美校友》（1942 年 2 月创刊,1947 年停刊）现也筹备就绪,恢复出版。

　　我们母校是爱国老人陈嘉庚先生呕心沥血、历尽艰辛创办的。在创校将近 70 年的历史中,培养的人才不仅在数量上是众多的,而且在质量上也是上乘的,成为海内外著名的学府。遍布全国各地的校友在革命的年代和和平建设时期,在各条战线上都发挥了很大的作用。他们旅居世界各地,特别是旅居东南亚各国的校友与当地人民和睦共处,不仅对当地发展有许多建树,赢得了人们的赞许,而且对母校的发展也直接作出了不少贡献。这是母校的骄傲,也是全体校友所引以自豪的。

　　"春风吹和煦,桃李尽成行。树人需百年,美哉教泽长。"每当我们想起校歌中的这两句歌词时,便会沉醉在昔日学校生活的美好回忆中。饮水思源,我们又怎能忘记当年对我们循循善诱的师长？我们又怎能忘记母校的创办人陈嘉庚先生的丰功伟绩？

　　随着《集美校友》的复刊,它的使命就是沟通和加强海内外校友与母校的联系；发扬母校创办人陈嘉庚先生爱国爱乡、倾家兴学的精神,群策群力把母校办得更好。

　　为此,我们希望海内外校友为本刊写信写稿,介绍你们的工作和学习情况，或广泛地就各种问题和学术研究进行探讨。我们还衷心欢迎校友们对母校应兴应革之事提出建设性的意见。本刊也将向各地校友报道母校的近况，以慰你们对母校的思念。

特别要一提的是：近年来，国内外学术界对陈嘉庚先生的言行做了专题的研究，我们也希望海内外校友们能够记述、研究他的生平事迹，从其一生的经历来认识海内外华侨胼手胝足、艰苦创业的优良传统和爱国爱乡，热心公益事业的崇高精神。

天马山巍然屹立，浔江水滚滚向前。母校的事业定将与祖国的山川共存。愿国内外的校友都能关注母校的发展，并为它作出自己的贡献。

追寻祖辈足迹　续写大爱传承

陈立人　口述

陈立人

陈立人，1949年出生，陈嘉庚的长孙，厦门大学校董、集美大学常务校董。

作为陈嘉庚家族的代表，陈立人致力于弘扬和传承"嘉庚精神"，为中国与新加坡的文化交流作出了重要贡献。2015年，陈立人代表家族领取中国人民抗日战争胜利70周年纪念章，并受邀登上天安门城楼出席阅兵式观礼；2023年，陈立人荣获"厦门荣誉市民"称号。

我记忆中没有见过我爷爷，但是他见过我。原因是在我出生两周的时候，爷爷已经坐船从新加坡回厦门了，所以我没有见过他，不过当时我爸爸妈妈把我抱给爷爷看过。但我一直没有机会认识爷爷，我所知道的关于他的一切事情都是从我父辈的对话描绘中以及后期的一些书本中了解到的。

2024年2月24日，一场热闹的元宵刈香巡游在集美大社展开。人群中，有一位老人拄着拐杖，面带笑容，他就是陈嘉庚先生的长孙——陈立人先生①。这是陈立人70多年来第一次在集美过元宵。在谈到回乡的感受时，他激动地说：

2024年2月24日，陈立人首次在集美过元宵

① 其父陈厥福，又名陈济民（1894—1989年），是陈嘉庚的长子。曾担任陈嘉庚公司总行橡胶部经理、南益有限公司董事兼南益总行橡胶部经理，1943年，在福建省永安集友银行担任代董事长。

这种感受真的是回味无穷，想当年我第一次来到集美的时候，还是20世纪80年代。这里到处都是农田，当时街上没有汽车，都是自行车、三轮车、拖拉机，在这短短的几十年，集美的发展真的是非常快，完全大变样。还有在教育方面的硬件和软件，互相搭配得很好，所以才会有如今的集美学村。我想如今集美的发展，在他（陈嘉庚）看来，应该是觉得很快很满意的。

除此之外，这一天也是他的二叔陈厥祥与二婶王素虹的结婚纪念日，有着非常特别的意义。一早，陈立人便来到归来堂，与游客进行亲切的交谈，并在陈嘉庚雕像前庄重地鞠了三躬。而他身处的归来堂便是在周总理的亲自关怀和指示下，按照陈嘉庚的遗愿于1962年建设完工。

家风家训　历久弥新

　　1957年10月4日，陈嘉庚在给弟媳王碧莲的信件中提到，他早先打算建座小祠堂，定名为"归来堂"。建造归来堂的目的是希望子孙后代能经常回国，在回乡时能有一处寄宿与祭祀祖先的住所。然而，当时的陈嘉庚将全部精力都投入于集美学校的建设，"不能先私后公，如能顺利进行，加我数年，庶不背乎先忧后乐也"。次年6月下旬，陈嘉庚鳞状上皮癌病情恶化，生命垂危，他在6月28日上午9时开始，约见八子陈国怀、秘书张其华以及总务主任叶祖彬于病床前，开始口述遗嘱，对于归来堂的交代是："我的旧楼前石路南面的厝地（已插石为界）要建'归来堂'，面积比大祠堂小些，要有拜堂及龛，两廊及前厅两边护厝各二厅四房上下，中间一面作厕所浴室，一面作厨房，建筑费不超过三万元，建成后把原置纪念碑我的坐像移置于此。"待病情有所好转后，陈嘉庚又忙于学校、海潮发电站等建设工作，归来堂的修建便搁置一边。

　　直至1961年，陈嘉庚逝世[①]一个月后，周恩来总理委托中央华侨事务委员会主任廖承志和副主任方方于9月17日、18日召集福

---

① 1961年8月12日。

建省教育厅、厦门市委宣传部、厦门市委统战部、集美学校有关人员以及其子陈国怀共13人参与会议，落实陈嘉庚先生的生前遗愿。为完成陈嘉庚遗愿中安排的项目，会议确定了一项原则：凡陈嘉庚生前提出的，没有福建省委和中侨委批准，不得任意更改。除此之外，国务院拨款100万元填补建设缺额。[①]于是，归来堂在周总理的亲切关怀下，于1962年顺利竣工，主要作为侨眷探亲居住、召开重大纪念活动的场所。

2023年5月，归来堂开始进行复原修缮工作，于10月完工。修缮后的归来堂，在西厢房开设"嘉"风"嘉"训展览，走廊上悬挂着陈嘉庚关于家庭教育的语录，旨在弘扬嘉庚精神以及给后人留以警示。提起家风家训对后辈的影响，陈立人讲述道：

从我父亲和我的二叔陈厥祥口中了解到，爷爷是一位很严肃、寡言的老人家。也许是受到爷爷的影响，我父亲对我说的话也不会太多，用词也比较简单，等他说完，我要慢慢地去细嚼了解他所说的意义是什么。这个就是我所认识的家风。

在家庭教育中，陈嘉庚一直扮演着严父的角色，寡言与严厉的形象便刻在孩子们的心中。据陈嘉庚的五子陈国庆回忆[②]：陈嘉庚忙于工作，与子女在一起的时间非常少。每年除夕的家庭聚会便是他与孩子屈指可数的相处机会。可是即便是除夕这个重要的节日，他们彼此相处的时间不过一小时，除了互相的问安、拜年祝福之外，

---

① 张其华：《周恩来与陈嘉庚的诚挚友谊》，来源于《集美文史资料（第8辑）》。陈新杰：《一张奖状见证周总理的指示》，来源于《集美学村大观》。

② 陈国庆：《回忆我的父亲陈嘉庚》，北京：中央文献出版社，2001年，第116页。

别无他话。1958年陈嘉庚身患鳞状上皮癌,在上海华东医院住院期间,八子陈国怀带着孙子陈联辉前往医院看望,却遭到陈嘉庚的训斥,认为他们不是医生,留在上海不仅会耽误工作,还会增加费用。吓得陈国怀不敢说话,满头大汗地站在一旁,最后当场晕倒。之后二子陈厥祥夫妇前往上海探望,陈嘉庚在了解完工作上的事情之后,便要求他们尽快返程。1961年,长子陈阙福、五子陈国庆夫妇在北京看望时,也是听从陈嘉庚的安排,不敢在医院多待[①]。

除了严厉的形象外,陈嘉庚的节俭家风也深刻影响着后人。他曾说:"金玉非宝,节俭是宝。"[②] 尽管家境优渥,但是陈嘉庚对于子孙在金钱用度方面十分严格,他用身体力行践行着勤俭节约的榜样。家里的旧家具一用就是几十年;一生身上带的钱不超过5元;没有过过生日;回集美定居后,每月伙食费只有15元;吃饭如果有剩饭剩菜便视为浪费,交代厨子第二餐少做一些,结果厨子越做越少,导致同席的子孙越来越不敢吃饱。[③] 然而对于教育以及社会公益事业,陈嘉庚却相当慷慨。在《遗教二十则》[④]中,便有四则提到服务社会:"服务社会是吾人应尽之天职""服务社会,老而弥坚""凡作社会公益,应由近及远,不必骛远好高""我毕生以诚信勤俭为教育公益,为社会服务"。宁可自我节俭,也要致力服务社会的家风家训,浸润世代子孙。作为陈嘉庚的后裔,陈立人一直矢志不渝地为教育事业作贡献,传承着家风精神,他感慨道:

---

① 张其华:《陈嘉庚在归来的岁月里》,北京:中央文献出版社,2003年,第165页、166页。
② 来源于《陈嘉庚公司分行章程》。
③ 陈国庆:《回忆我的父亲陈嘉庚》,北京:中央文献出版社,2001年,第119页。张其华:《陈嘉庚在归来的岁月里》,北京:中央文献出版社,2003年,第163页。
④ 《遗教二十则》是陈嘉庚次子陈厥祥根据先父遗教进行整理汇编。

我觉得我们家的家风对我影响是相当大的，我自己宁可节俭，省下的钱也要拿来帮助那些贫困的学生，这也是我爷爷留下的家风之一。

我觉得不只是"嘉庚精神"，不只是在"归来堂"里面修建了其他的设施，我觉得在如今的21世纪，我们要从不同的角度来看待我爷爷所做的事情。在中国，受教育的人多了很多，那么现在的问题就是如何用他老人家的眼光继续传承教育到东南亚的其他国家去。我们可以在一些贫穷的国家，比如印度尼西亚、马来西亚提供一些我们在教育发展方面成功的经验。

捐献文物　传承延续

在弘扬传承"嘉庚精神"的道路上，陈立人是一位虔诚的继承者。他不仅继承了家族的崇高遗风，更将这份精神内化于心、外化于行，以实际行动赋予了"嘉庚精神"新的时代内涵。多年来，陈立人向华侨博物院捐赠珍贵文物达百余件，其中包括生活在新加坡的华侨华人的家居用品、陈嘉庚及父辈曾使用过的生活用品。2023年，他受东南亚著名实业家唐裕[①]后人的委托，将43件珍贵的百年文物捐于华侨博物院，其中包括一对重达300千克的史前猛犸象的象牙化石，而这些珍贵文物被用作侨史文化向市民展出。当谈起捐赠文物的初衷时，陈立人谦虚地说：

---

① 唐裕（1926—2021年），印度尼西亚著名实业家、活动家，祖籍为福建省泉州市安溪县蓬莱镇温泉村，创办新加坡敦那士有限公司，曾担任新加坡船务公会主席、新加坡出入口商会主席、新加坡安溪会馆主席等，有着新加坡"船王"和东南亚"航运巨子"的美称。

这个原因很简单，我们捐出去并不是意味着我们不珍惜。我爷爷留下的东西我当然视如珍宝，也希望能够收为己有，但是从另外一个角度来看，我收着这些东西，还有谁能有机会可以看到？不如我把这些东西捐赠到华侨博物院，让它们进行轮流展示，好让更多的人能够欣赏。我爷爷用过的东西，虽然留存在新加坡的不是很多，但是我想，它们可能会给后代带来一些不同的理念和感受。

而这也是陈嘉庚创办华侨博物院，兴办社会教育的思想理念。据曾任陈嘉庚秘书的张其华回忆[①]：陈嘉庚在1949年和1950年于华北和华东地区考察时，对博物馆产生了深刻的印象。他认为博物馆内容广泛，以实物、标本、图表等方式展示，更为大众所接受。这一点在他亲自撰写的《倡办华侨博物院缘起》中也曾提起："博物院是文化教育机构的一种，与图书馆、学校等同样重要，而施教的范围更加广阔……这是因为它是用形象来表现内容，不假文字间接传达，所以一般人民参观了博物馆，见所未见，眼界大开。"

华侨博物院是中国第一家全面系统地收集、研究、展示华侨华人历史和业绩的博物馆，如今，陈立人也正追随着爷爷的足迹，为华侨博物院增添更多珍贵的史料文物。然而，当谈及祖辈留下的文物时，陈立人却有一件憾事。1945年9月，日本战败后，英国恢复对新加坡的殖民统治。当时，英殖民当局对亚洲的共产主义虎视眈眈，自1948年以来，以华人为主的左翼政团成为英国政权的一大威胁，为了压制势力，英殖民当局对星马的共产主义以及亲中国政党采取了强硬的严禁和取缔措施。一心爱国的陈嘉庚也成为英国政

---

① 张其华：《陈嘉庚在归来的岁月里》，北京：中央文献出版社，2003年，第111页。

府密切关注的目标①。

有一件事，是我爸、姑姑和二叔他们所做不到，很惭愧的一件事情。当时我爷爷回集美的时候，新加坡正处在一个敏感时期，英国殖民当局关注我们的一举一动。其实我们没有加入任何党派，我们所做的一切都是为了社会和贫困的学生。所以在这段时间，我爷爷写信回来跟我的父辈们交代钱款资助学校事项时，这些书笺都会在我父辈开完家庭会议寄出回信给爷爷后被烧毁，所以我家里并没有留下我爷爷写的任何亲笔字。这个也只能和大家说一声，如果想看我爷爷的亲笔字迹，只能在华侨博物院里看他写给其他人的信件。

陈立人（右二）在归来园

① 杨进发：《陈嘉庚研究文集》，北京：中国友谊出版公司，1988年，第206页、210页。

赴京授勋，再会主席话往昔

2015年，陈嘉庚获授中国人民抗日战争胜利70周年纪念章，纪念他曾为中国抗日战争所作出的重大贡献。这一殊荣不仅是对他为中国抗日战争所作出的重大贡献的肯定，更是对他一生致力于推动国家进步和民族振兴的高度赞扬。

1928年5月3日，日军闯入山东交涉使署，残忍杀害国民政府山东特派员蔡公时等18名外交人员，强占全城，肆意屠杀无辜市民和士兵近万人，制造了令人发指的济南"五三惨案"。惨案发生后，陈嘉庚组织"山东惨祸筹赈会"，亲任会长，筹集赈济款一百余万元。他所创办的《南洋商报》呼吁大家抵制日货，尽管遭到奸商纵火报复也毫不退缩。1937年，七七事变爆发，全面抗战正式拉开序幕，中华儿女浴血奋战，共赴国难。身处南洋的爱国华侨纷纷采取行动，竭力援助祖国抗战。1937年8月，南洋各界人士成立"马来亚新加坡华侨筹赈祖国伤兵难民大会委员会"，推举陈嘉庚为会长。

此外，当时身居星洲的陈嘉庚收到来自菲律宾李清泉的来函，建议"南洋华侨应在香港或新加坡，组一筹赈总机关，领导募款"，不久后，他又收到了印度尼西亚巴城庄西言的来函，内容亦是如此，希望他在新加坡组建南侨总会。不过陈嘉庚认为自己威望不足，不敢接受。次年夏天，国民政府行政院长的孔祥熙电函陈嘉庚，让他在新加坡组建筹赈总机关，领导各属华侨筹款。于是，陈嘉庚便担下重任，于1938年10月10日，在新加坡南洋华侨中学大礼堂召开各埠代表大会，宣告"南洋华侨筹赈祖国难民总会"成立，陈嘉庚为南侨总会主席，李清泉、庄西言为副主席。陈嘉庚带头捐款，号召华侨同胞为祖国抗日贡献力量，除此之外，南侨总会还制定了十二种类的筹捐赈款细则，如特别捐、常月捐、货物助赈捐、纪念日劝捐等。

1938年，面对汪精卫投降卖国，他发来电报："日寇未退出我国之前凡公务员对任何人谈和平概以汉奸国贼论。"邹韬奋[①]誉其为"古今中外最伟大的一个提案"，字字掷地有声，宛如当头棒喝。1942年，日军攻陷新加坡，面对日军的抓捕，他将生死置之度外，泰然自若地说："人生自古谁无死！万一不幸被捕，敌人必强我做傀儡，代他说好话，我决不从！那时一死以谢国家，有什么不得了！像我这么大一把年纪，死也不算夭寿，你们千万不要为我着急。"在抗日战争中，陈嘉庚抱着不屈服的态度和必胜的决心，为最终的胜利提供了巨大的物质和精神支持。

2015年9月2日，在人民大会堂金色大厅，中共中央总书记、国家主席、中央军委主席习近平向30名抗战老战士老同志、抗战将领、帮助和支持中国抗战的国际友人或其遗属代表颁发奖章并发表重要讲话。陈立人作为家族代表前往北京受勋，并于次日受邀前往天安门城楼出席阅兵式观礼。当谈起当天的感受时，陈立人如是说：

当时我跟习近平总书记的见面，其实并不是第一次。在1993年的时候，我就已经认识了习近平总书记，所以那次会面对我而言有一种非常不一样的感觉，就像是又见到老朋友。那天我只是30位受勋者中的一员，不过总书记除了和我握手，说起了我爷爷陈嘉庚，

[①] 邹韬奋（1895—1944年），原名邹恩润，是近代中国记者、出版家。

还和我闲聊了几句，我们互相进行了亲切的问候。

重走嘉庚路，诚毅万里行

1939年冬，陈嘉庚组织回国慰劳视察团，慰劳英勇抗战的将士以及身处水深火热的百姓民众，并于12月4日以南洋华侨筹赈祖国难民总会会长的名义登报通告，请南洋英荷美法暹各属华侨筹赈机关委派代表参加，并附简章说明要求：

（一）代表须通晓国语及略识中文；

（二）须不染鸦片及其他不良嗜好；

（三）每人备费新加坡银一千二百元，有剩找还；

（四）该代表如需供给家费，由所派机关负责；

（五）如意外丧身，需供其家属新加坡币三千元，若残废则酌量补给，如称职回洋，每人奖一百元至三百元，均由所派机关负担；

（六）由新加坡出发，来回三个月。如有私人要参加，须有该处筹赈会或商会介绍，并依第一第二第三规则为准，而无被选为职员之资格。①

12月6日，陈嘉庚电函蒋介石，请示组织事宜："为呈请事，窃本总会此次发起组织南洋各属华侨筹赈会回国慰劳团，期于明年三月首途出发，其宗旨一以慰劳祖国军民同胞，代致海外侨胞之感慕，一以详细考察祖国抗战以来灾况及其所需，俾资宣传，借助筹赈，业经登报及通函发表，令各属筹赈机关选派代表前来参加。兹

---

① 陈嘉庚：《南侨回忆录》之《组织回国慰劳团》，上海：上海三联书店，2014年，第97页。

特送上本总会通告及组织大纲、团员须知、慰劳与考察等件，统祈察监。庚对此虽极力促其实现，但各方面能否热烈参加，以及代表人数等项，因事甫发动，尚未有切实把握，不知钧座是否赞成。如视无益，请即赐电告止，如以为可行，亦乞惠电赞同，以便借示各属鼓动参加，若可再进一步，并望分电各领馆通知各属踊跃响应，以速实现，至大纲各条文中，有未完妥之处，望予修正，俾使遵行，所有请示进止各等由，理合呈请察照示遵，是所祷切，谨呈军事委员长蒋主席。陈嘉庚，二十八年十二月六日。"12 月 13 日，蒋介石复电："南洋华侨筹赈祖国难民总会陈主席勋鉴，上年十二月六日函，敬悉贵会策动侨胞回国慰劳，具见敌忾同仇，关怀祖国，南天遥企，无任嘉慰，已分处外交部转电各领馆、各党部力予协助矣，特先电复，中正元印。"①

在组织慰劳团之初，陈嘉庚并没有同随之意。他认为"若云为自身将回国，故发动慰劳团以为荣耀，此种诈谬行为，在余绝未梦想，诚可以对天日而无悔。且余素知回国有三种困难：（一）国语不通。（二）年老怕寒。（三）数年来腰骨常疼痛不耐久坐。且余若回到重庆而止，有何意味，盖不归则已，要归必须能领导团员，就归必须能领导团员，尽力多行，以尽南侨代表责任。"②然而，在次年，慰劳团即将集合于新加坡之前，总领事高凌百忽然前来，说自己多年没有回国述职，想着可作为陈嘉庚的代表回国慰劳。尽管陈嘉庚已告知他慰劳团有团长，但高凌百却执意代表。陈嘉庚认为此人前来言决将要前往重庆，绝非好意，为防止他做出对慰劳团不利的

---

① 《新闻报》1940 年 1 月 15 日；《中国商报》1940 年 1 月 15 日。
② 陈嘉庚：《南侨回忆录》之《余决意回国之故》，上海：上海三联书店，2014 年，第 98 页。

事，陈嘉庚于是转变想法，决定亲自前往重庆，并立即发电召南侨总会副主席庄西言与李清泉同行。然而李清泉当时正赴美未回，于是陈嘉庚召集了秘书李铁民兼任翻译同行，并赶制寒衣，治疗腰骨疼痛，为回国做足准备。

1940年3月15日，陈嘉庚与李铁民搭乘英国邮船从新加坡前往重庆。3月26日上午6点30分，陈嘉庚与庄西言、王振相（慰劳团团员、霹雳侨胞领袖）、陈清虎（槟榔屿侨胞领袖）和李铁民从仰光乘飞机回国，于下午4点15分抵达重庆。[①] 然而，在重庆慰问考察的一个多月内，陈嘉庚目睹了国民党生活奢靡、贪污腐败、禁止言论自由等种种行为，大为失望。

在此期间，中共参政员叶剑英、林祖涵、董必武三人曾到嘉陵新村拜访陈嘉庚，并赠予他专门从陕北带来的羊皮衣，用来御寒防雨。众人围绕国共两党摩擦的事情商谈了几小时后，叶剑英等人在辞别时，邀请陈嘉庚过几日前往红岩村参加八路军重庆办事处的欢迎茶会，陈嘉庚欣然答应。

1940年4月25日，陈嘉庚应邀赴会，在叶剑英、林祖涵、邓颖超的陪同下乘船过江前往中共办事处欢迎茶会。在会上，陈嘉庚向众人讲述了南洋华侨筹赈祖国难民总会的组织经过以及南洋华侨对祖国抗战的汇款与支持。在提到两党团结的问题方面，他指出："亦深望国内能团结对外。以我民族之众，土地之广，华侨之资，加以国民爱国程度日高，确信敌人不能亡我，最后胜利已无问题。兹若不幸国共两派意见日深，发生内战，海外华侨定必痛心失望，对义捐及家汇，不但不能增加，势必反形降减……万望两党关

---

① 《前线日报》1940年3月27日。

系人，以救亡为前提，勿添油助火，国家幸甚，民族幸甚。"会后，陈嘉庚向叶剑英询问前往延安的日程和交通，叶剑英告诉他，如果抵达西安可到七贤庄十八集团军办事处，叶能设法安排车辆，预计两三天便可到延安。数天后，陈嘉庚接到了毛主席的来电，邀请他前往延安。

在前往延安的路上，蒋方对陈嘉庚进行监视，对他与共产党的接触进行干预限制，甚至进行污蔑诋毁，妄想影响陈嘉庚的判断。然而陈嘉庚明辨是非，对谣言听而不闻，决意前往延安。1940年5月31日，陈嘉庚、侯西反、李铁民以及陕西省政府第一科科长寿家骏等人乘车抵达延安，6月1日下午，陈嘉庚偕侯西反在朱德总司令的陪同下前往杨家岭会见毛主席。直至6月8日，陈嘉庚一行才乘车离开延安。在延安的短短八日，让陈嘉庚的思想发生了转变。

陈嘉庚（右三）访问延安，摄于杨家岭革命旧址

他发现，延安民风淳朴、百姓安居乐业，与重庆的民不聊生截然不同，中共领导人待人诚恳真诚，与国民党的虚伪奢靡有着云泥之别。

离开延安后，陈嘉庚前往山西、河南等地考察慰问，会见了阎锡山、蒋鼎文、陈立夫等军政要员。7月24日晚7点，陈嘉庚应中国国民外交协会的邀请，在中国留法比瑞同学会公开演讲《西北观感》，关于党派的抉择，他说："我们华侨是无党无派的，是超然的，是第三者。祖国是在艰苦抗战，无论哪一个人，凡是能够替民族谋解放的，替国家争生存，华侨都一致拥护他。"[1]7月30日早8点，陈嘉庚、侯西反、李铁民在海外部秘书吴士超的陪同下，搭乘欧亚航空从重庆飞往昆明，开启了西南视察。8月9日晚上7点半，他应邀来到西南联合大学发表《西北考察之观感及南洋侨胞之近况》的演讲，李铁民在旁做翻译，他勉励学生："国家、个人都是一样，忠诚信义是做人骨骼。各位能亲眼看到复兴，很替你们庆幸，就将这四字奉送给各位。"[2]

8月13日早7点，陈嘉庚一行乘坐西南运输处汽车前往贵阳，于次日下午5时抵达。在广西，陈嘉庚慰问考察了贵阳、柳州、桂林等地，至8月27日，由桂林乘火车前往衡阳，29日抵达长沙，随后前往广东韶关、江西赣州、泰和、吉安。9月16日，前往福建南平光泽县参观火柴厂、卷烟厂、染色厂、纺织厂、草品厂及蓖麻试验场后，次日回宁都。9月18日，陈嘉庚偕侯西反、李铁民、庄明理乘坐汽车从鹰潭前往上饶；9月21日抵达金华后前往丽水、龙

---

[1] 《记陈嘉庚先生在祖国》，载《南洋商报（晚版）》，1940年11月14—18日。
[2] 《西北考察之观感与南洋侨胞之近况》，载《决胜》，1940年。

泉各地。

9月23日，陈嘉庚等人乘坐福建省政府安排的车抵达浦城，开启了详尽的视察之路。在福建，他先后视察了建阳、建瓯、福州、莆田、惠安、永春、大田、永安等地，了解了福建民众在苛政下的凄苦生活后，他上书福建省主席陈仪，要求改善闽政，撤销运输管制。10月25日，在安溪，陈嘉庚看望了搬迁于此的集美学校师生，受到了热烈的欢迎；11月13日，陈嘉庚偕陈村牧乘车前往大田，视察战时迁移于此的集美职业学校（由原农林、商业、水产三校合并）；11月16日，陈嘉庚抵达长汀后，看望内迁过来的厦门大学师生，并演讲南洋种植橡胶历史。

12月12日，陈嘉庚经江西、广西、云南滇缅公路抵达仰光，在三日后的仰光华侨欢迎会上做了长达三小时的报告，汇报了回国慰劳路上的所见所闻，抗战的近况以及祖国必胜的决心，并且他以乐观笃定的语气向在场的华侨说出"中国的希望在延安"这句振聋发聩的话。12月17日，他乘船离开仰光，辗转至吉打、太平、巴生、吉隆坡、马六甲等各地，最终在12月31日回到新加坡，结束了回国慰劳行。

历时10个多月，行经数万公里，他克服重重困难，历经艰辛，慰问英勇抗敌的将士和备受战争摧残的同胞。在回国慰劳行中，他呼吁国共团结抗战，同时洞察是非，看清国民党的虚伪面目，了解了延安的真相，在华侨史上留下了重要的历史时刻。

为了弘扬"嘉庚精神"，铭记嘉庚为祖国抗战胜利作出的巨大贡献，2014年，为纪念陈嘉庚诞辰140周年，由厦门市海外联谊会和集美学校委员会联合主办了"四驱万里诚毅行"活动，陈立人作为活动顾问，跟随来自新加坡、马来西亚的9部车队从集美出发，跨越华南与西南三省，经过缅甸、柬埔寨、泰国后返回马来西亚和新加坡，全程9000余千米。谈到此次重走嘉庚路的感想，陈立人感慨道：

我走过，很辛酸。我走过了两趟，第二趟是我自己开车走过，那个时候我们一车队的人可以随时随地停下来去看实际的环境，了解更多的细节。总而言之，整个过程非常辛酸。可以说，一场战争就毁了一个国家。

在一个长达一个多月的深入旅程中，陈立人怀着无比崇敬的心情，坚定地沿着祖辈曾经走过的足迹，一步一步地追寻着他们的历史轨迹。他不仅仅是在重温家族的过去，更是在以实际行动弘扬着"嘉庚精神"——坚韧不拔、自强不息、无私奉献的精神。他希望通过自己的行动，让更多的人了解和传承这种精神，让"嘉庚精神"在新的时代里焕发出更加璀璨的光芒。

传承"嘉庚精神" 造福桑梓

陈威廉 口述

陈威廉

陈威廉，1937年出生于集美大社。在陈嘉庚的资助下，陈威廉完成了从小学到大学的学业。大学毕业后，他成为一名教师，在教育岗位上兢兢业业几十年。

退休后，陈威廉不忘初心，依旧坚守在所热爱的教师行业。在嘉庚故里集美大社，每周末都有公益辅导班，社区热心人士、学校教师都来给孩子义务辅导功课。其中除了部分退休教师，不乏集美小学、集美二小、侨英小学、集美中学等教学经验丰富的优秀教师。这个班的倡办人之一就是 87 岁的陈威廉。作为大社人，陈威廉认为自己能有今天要非常感恩陈嘉庚，是陈嘉庚让他有了读书的机会，也鼓舞着他为社会作贡献。

陈嘉庚改变了我的命运

陈威廉是集美人，也是陈嘉庚先生的族亲，他一直非常感恩嘉庚先生。

小时候，我父亲在海外经商，母亲带着我和弟弟妹妹在集美生活。当时因为战争，父亲无法把钱寄回国，母亲带着我们过得非常辛苦，特别困难，连饭都吃不上，我们就去集美中学捡学生的剩饭吃。小学、初中、高中我都享受陈嘉庚提供的助学金。记得当时的助学金幼儿园一个月两块二、小学四块四、初中六块六、高中八块八，到我念大学的时候是十三块二。我全靠助学金完成大学学业，也让我真正体会到陈嘉庚对我的帮助和影响，那时候我就想，如果没有陈嘉庚，就没有我读大学的机会。在嘉庚先生的资助下，我们兄妹三人都走进了校园。所以我很感激陈嘉庚，后来在学习、教书过程中，我处处以陈嘉庚的精神来鼓舞自己，认真学习，为社会作贡献。

大学毕业后，陈威廉服从分配，到漳州漳浦任教长达20年，后又到厦门十中任教，直至退休。他退休后发挥余热，为公益教育尽自己一份力量。在陈威廉眼中,是陈嘉庚改变了他的一生,在战乱的时代,让他有了读书、上大学的机会,有了成为一名教师的机会,更有了能力去帮助家乡的人。

一百多年前,在实业上取得成功的陈嘉庚,怀抱教育兴国之志,回到家乡集美创办了集美小学,随后又创办了中学、师范、航海、农林等多个学校,家乡集美成为集幼稚园、小学、中学、职业教育于一体,自成系统的著名学村。为了回报乡梓,让更多的孩子有书读,嘉庚先生还给予不同形式的补助,开启了"毁家兴学"的征程。

1919年,陈嘉庚计划回国长住,筹备厦门大学,专心致志办教育。回国前,他把各营业机构改组成陈嘉庚公司,并让其胞弟陈敬贤加入成为股东,请陈敬贤南下新加坡接管各项营业。为了使集美学校的经费有可靠的来源,他在新加坡聘请律师按照英国政府条例,办理财产移交手续,将在南洋的所有不动产全部捐作集美学校永久基金。

在此之前,陈嘉庚对学生的补助投入也非常多。1917年,集美女子小学开学,为了鼓励女孩子上学,陈嘉庚决定给每个女孩每月补助2元;1918年3月10日,集美师范、中学同时开学,学校从各方面给予学生优待,中学生只交膳费,学宿费均免,师范生各费均免,师范生和中学生所需被席、蚊帐一概由学校供给,每年冬春两季,学校还给学生发放统一的制服各一套。在创办师范、中学的过程中,为了供给学生被子、蚊帐和制服,陈敬贤的夫人王碧莲发动集美社的妇女们做缝纫活,她在回忆录中曾写道:"当时男女学生来校,除不收膳宿学费外,举凡蚊帐、被褥、制服、衣裙均由学校供给。予时而缝纫，时而庶务，时而会计。凡能撙节开支，而为予力所能胜者，无不竭尽绵薄。"1920年，集美学校创办水产科，为了鼓励学生学习水产航海，陈嘉庚特地规定水产科学生"待遇同师范生，学膳宿费均免"。陈嘉庚创办的学校，从各方面为贫苦的青少年创造就学条件。[①]

不仅是在集美学校，1920年，陈嘉庚在集美学校设立教育补助处，开始补助同安兴办小学。1924年，改名"教育推广部"。1925年，陈嘉庚的企业有较大的发展，曾计划扩大补助同安县100所学校，闽南各县500所学校，分期实行。后因企业停业，未能实现全部计划。从1924年到1932年，陈嘉庚在承担集美、厦大两校庞大开支的同时，他先后补助福建省20个县市的73所学校，费用总额达19万多元，全部由陈嘉庚个人承担。

1924年，为了资助经济困难、品学兼优的本校毕业生升入国内外大学学习，集美学校设立了"成人之美储金"。符合以下条件的可以申请贷款：毕业成绩、学业操行均列甲等者；毕业后曾在学校服务卓有成绩者；家境清贫有确实证明者。[②]陈嘉庚当时的举措类似现在的助学贷款。

在集美大社，早在1934年，陈嘉庚带头捐款并请在新加坡的族亲一起捐款，共同建置集美学村一间平屋，该平屋为集美学村首处公有产业。抗日战争及解放战争给集美学村造成了莫大的灾难，陈嘉庚体恤族亲，人们生活困难的救济、医疗费的减免、子弟的助学等费用，陈嘉庚都包下来，并把这些划为同一类，统称"公业"，

[①] 林斯丰：《集美学校百年校史》，厦门：厦门大学出版社，2013年，第39页。
[②] 林斯丰：《集美学校百年校史》，厦门：厦门大学出版社，2013年，第38页。

并启用"集美社公业"印章。[1]

1955年1月15日，由陈嘉庚拨专款35亿元（旧人民币）为基金，并定名为"集美社公业基金管理理事会"，为陈嘉庚亲自创建的非营利性的公益组织。该组织以"为促进益本乡（集美社）子弟品质的修养和提高乡民物质生活的改善"为宗旨。依据章程，基金会的主要目的是：努力提高集美乡亲素质，鼓励集美乡亲子弟好学向上，提供上学与升学的资助，奖励品学兼优者。对集美社陈氏乡亲生活困难者，给予适当的补助和医疗救济，支持集美社区文化设施建设，丰富文化生活，注重爱我集美的社会公德教育，管理和维护陈嘉庚先生生前创建的屋业（大社民房），进行原有民房的改造工作。加强海内外乡亲的联络，弘扬陈嘉庚先生爱国、爱乡、热心公益、无私奉献精神，争取海内外乡亲对家乡各项建设的支持，共同促进家乡繁荣。

如今，集美社公业基金会依然发挥着助学、奖学、济贫、医疗救济、敬老以及资助社区文化活动等多项公益作用，集美大社的居民现在依然在受益。

我一生当中，上学的时候经济方面得到了陈嘉庚的资助，现在到了一定年龄，又有嘉庚先生创办的公益基金会的慰问金，在集美大社，60岁、70岁、80岁以上老人有不同的慰问金标准，集美大社人都很感激陈嘉庚。作为族亲，我更应该弘扬陈嘉庚精神，尽自己所能为乡亲尽一份绵薄之力。所以退休后，我就一直想推进公益辅导，我要用自己的知识回馈社会，帮助更多的学子实现求学梦想。

---

[1] 陈新杰：《集美学村大观》，合肥：黄山书社，2021年，第132—133页。

几年前，陈威廉在浔江社区书院免费补课时，吸引很多学生参加。后来他主动找到集美社公业基金会，希望将公益辅导班推广。在集美街道和基金会等相关单位的支持下，大家将大社二房角老年活动室收拾出来，并准备了一些教具和书籍，公益辅导班就这样办了起来。

这些年，陈威廉老师的学生中，有的读到了博士，有的出国留学，有的已为人父母，有的又把孩子送来请他辅导。陈威廉说，他一生受嘉庚先生影响最大，所以也要身体力行地传承"嘉庚精神"，公益辅导是他回馈社会的一种方式，他最大的心愿就是培养出更多的优秀学子。

嘉庚精神"邻头雁"

一百年前，陈嘉庚倾资兴学，在集美大祖祠开设通俗夜校。如今，像陈威廉先生这样的集美学校的毕业生，用自己的力量反哺家乡。

在陈威廉家里有一张珍贵的照片，是一张他与陈嘉庚先生的合影。

1957年，作为集美高考生的陈威廉（后排左三）与陈嘉庚（前排左四）合影留念。
（由陈威廉提供）

这张照片是1957年我考上大学的时候拍的。这也是集美族亲考上大学最多的一届，我记忆中应该有20多人。当时陈嘉庚知道自己家乡的这么多孩子考上大学非常高兴，于是跟校委会主任说，让这些学生跟他一起拍照留念。得到通知后，我们都非常高兴，因为通知得晚，有些已经去了大学，所以照片里面的学生只有十几个。

这张照片能很好地保存下来，很不容易。因为经历了动荡的年代，我们小心翼翼地把这张照片藏起来，才得以保留到今天。

在陈威廉心中，即便当时面临巨大的风险，他依然要把这张珍贵的照片保存下来。

情系乡亲　建设廉租房

现在走进集美大社，仍然可以看到一座座平屋排房，这是陈嘉庚为集美大社建设的"廉租房"。廉租房背后，也有一段悲痛的历史。

1949年9月23日，集美解放。但是解放后，我们依然处于跟国民党对峙的阶段。1949年11月11日，集美遭到国民党军队飞机的轰炸，当时我还在学校读书，下午1点多的时候，突然，爆炸声就响起来了。刚开始大家都很慌乱，老师就赶紧组织学生躲在学校的地下室。当时学校有东西两个地下室，一个地下室能躲三四百人。当时轰炸差不多持续了4小时，八架飞机轮番轰炸。轰炸结束后，我们跑出来，整个家都被炸平了，非常凄惨，老师、同学、居民死伤众多。为什么轰炸我们这边？当时我们这里几乎每家每户都住了解放军，我们家虽然不大，一间厅，一个住室，但是一个厅住了一个班的解放军，我记得是12个人。所以国民党就锁定在集美进行轰炸，轰炸完之后，大家都无家可归。

陈威廉讲述的轰炸，就是"双十一惨案"。1949年11月11日下午，国民党军队8架巨型轰炸机轮番轰炸集美学村，投下重磅炸弹32枚，其中学校范围中弹9枚，大社中弹23枚，集美学校师生8人遇难，大社村民21人死亡。居仁楼被炸毁，尚勇楼、即温楼等部分被毁，民房毁损百余座，几占全社一半。这是集美空前大浩劫，史称"双十一惨案"。[①]

[①] 林斯丰：《集美学校百年校史》，厦门：厦门大学出版社，2013年，第167页。

当时，陈嘉庚正在新解放区汉口等地视察访问。知道集美学村被轰炸后，他于11月21日专门发表书面讲话，斥责国民党军队飞机滥炸集美学校的暴行，谴责蒋介石政府"如此狠毒，将遗臭万代"。[1]

"双十一惨案"发生后，解放军立即在集美周边地区部署了防空部队，全天候还击敢于来犯之敌机。各校在1950年8月底前全部迁回原址。从此，集美各校结束了多次搬迁的颠沛生活，集美学村始得安宁。

12月27日晚，陈嘉庚回到集美。第二天早上在集美学村的各个角落巡视，看到学村到处是残垣断壁，很多族亲因房屋被炸毁，居住成为很大的问题。

随后，陈嘉庚就制订出了"重建集美学村计划"：第一步，清理灾区，开筑道路，救济受灾村民；第二步，扩建新校舍，扩大办学规模，建设沿海风景线，建设新学村。

为了解决族亲的住房困难，陈嘉庚亲订办法："甲、屋身破损尚可修理，生活略得维持者，我给以一切材料，大小工由他自理，计有六十七家。乙、屋身破坏可修理，而赤贫者，则工料一切代办，亦数十家。丙、全屋塌成平地，约一百家，兹拟全部改建新式住宅，如新加坡住宅一样……然均为平屋未有层楼者。"

陈嘉庚所说的平屋即为解困廉租房，每套50平方米，一户一套，家庭人口多者，则安排相邻的两套。平屋共建有22排，供200余苦难户居住。陈嘉庚将这些民房捐作集美公有产业，再与各租户

---

[1] 林斯丰：《集美学校百年校史》，厦门：厦门大学出版社，2013年，第168页。

签订租屋契约，象征性收取租金。①

陈嘉庚建完房子，让无家可归的族亲有地方住，我们都非常感动。这个房子很多人到现在还在住，也只收一点点的房租。

为家乡做贡献 "嘉庚精神"代代传

陈嘉庚为家乡作出了很多贡献，除了学校和集美学村的建设，陈嘉庚也不忘厦门的建设，提议修建鹰厦铁路和两条由集美到厦门岛的海堤。而且影响很多海外华侨到祖国斥资兴学，很多校友也为集美、为家乡的教育事业贡献力量。

在集美学村，几乎抬头就能看到由校友捐建的、各类带着名字的建筑、场馆，比如尚大楼、引桐楼、吕振万楼等，这些楼几乎都来自海外华侨及校友的慷慨捐赠。不计其数的爱国华侨和集美校友以实际行动践行着校主陈嘉庚捐资助学的精神，推动集美学村在新时期不断发展壮大。

陈嘉庚回到祖国定居后，发挥桥梁作用，推动爱国团结。1956年10月5日，中华全国归国华侨联合会成立大会在北京中南海怀仁堂召开，陈嘉庚当选为主席。陈嘉庚实事求是地向海外华侨介绍当时祖国的面貌、各方面的成就和有关政策，也如实说出面临的困难和问题。嘉庚先生在1949年9月参加政协第一届全国委员会第

---

① 陈新杰：《集美学村大观》，合肥：黄山书社，2021年，第200—201页。

一次会议时，就提出引导华侨回国投资的提案。在全国侨联成立大会上他又号召："在这个伟大的国家，华侨可以和全国人民一道，贡献自己的力量，参加建设事业，实现建设家乡的理想……他们的投资，得到国家的辅导和优待，对于国家有利，对于自己也有利。"此后，闽、粤、桂、滇、沪等11个省市分别成立华侨投资公司，兴办实业。这对国家建设和促进地方经济、文化的发展、繁荣侨乡都起到了积极作用。由于有了前期华侨投资的经验，在改革开放、吸引外资工作中，首先进来的正是港澳台同胞和华侨华人。[1]

1957年，厦门开办福建省华侨投资公司厦门办事处，先后募集股金1200万元，投放于厦门罐头厂、橡胶厂、瓷厂、感光厂等，不仅帮助侨胞实现支援家乡建设的愿望，而且催生了厦门一批骨干企业，为打破经济封锁、改变落后面貌作出了重要贡献。

而且，作为"华侨领袖"，嘉庚先生也非常关注海外华侨。中华人民共和国成立后，海外华侨全心向往祖国，纷纷把子女送回祖国就学。1952年，陈嘉庚根据海外华侨和归侨侨眷的意见，向中央人民政府提出，在集美创办华侨补习学校。中央很快采纳了他的建议，于1953年特别拨款60亿元（旧币值），于同年9月开始筹建"福建省集美华侨学生补习学校"，并委托陈嘉庚在集美建筑校舍。集美华侨侨校于1953年12月接待第一批归国华侨学生，开学上课。在陈威廉的记忆中，高中时期，班里有一大部分是侨生。

我们在读高中的时候有四个班，这四个班大部分是侨生，这些归国华侨，陈嘉庚都很关注。其中一个侨生叫陈毅明，后来成为华

---

[1] 张其华：《陈嘉庚在归来的岁月里》，北京：中央文献出版社，2003年，第87—88页。

侨博物院的院长，还在《百家讲坛》，讲《我心目中的陈嘉庚》。我喜欢看《集美校友》这本杂志，里面有关于校友的事情和文章，看这些文章，我就知道"嘉庚精神"是代代相传的。

嘉庚先生不仅影响了一代代的华侨，更影响了一代代的嘉庚学子，他们用实际行动践行着"嘉庚精神"。卖了北京的四合院也要支持母校的杜成国，退休后依然投入校友总会工作；为集美大学的建设作出突出贡献的任镜波；40年坚持捐献爱心善款的陈新杰……他们都在践行着"忠公、诚毅、勤俭、创新"的"嘉庚精神"。

陈威廉说，"嘉庚先生改变了我的一生"。他20多年如一日地免费给学生补课，他辅导的很多学生是初、高中生，处在青春期和学业最繁重的阶段，他的答疑解惑不仅是难解的题目，还有难解的烦恼，陈威廉给了学生们很多帮助。正如他的学生所说："在人生道路上，能遇到这样一位长者，非常幸运。"

有责任还原真实的陈嘉庚

陈新杰　口述

陈新杰

陈新杰，1949年出生于集美大社，是集美区乐安小学的退休高级教师，也是厦门市政协特约文史研究员、厦门市集美区政协文史顾问，原厦门集美陈嘉庚研究会理事、会刊编委，集美区首部地方志教育章的主要撰写人、本书审稿组成员。除此之外，他还是陈嘉庚先生的族亲，嘉庚年代的"三亲"（亲历、亲见、亲闻）人。

他退休后潜心研究"嘉庚精神",挖掘集美学村文史,是集美区档案局及集美区文化馆编撰的多部地方文献的编委。著有《集美学村大观》《嘉庚故里》等书。

自小耳濡目染　潜心嘉庚研究

我从小在集美长大,从幼儿园开始到小学、中学,都在集美生活。当时陈嘉庚也刚回国定居,所以基本上陈嘉庚晚年在国内的生活,我都经历过。

在集美学村成长的陈新杰,从小耳濡目染,在"嘉庚精神"和父亲的影响下,热心公益事业。1984年3月18日,《厦门日报》上刊登了一篇报道——《一张汇款单》,上面写着:"第三个文明月活动前夕,市少年儿童基金会收到一张汇款单,汇款金额为人民币二十元整,汇款人地址是集美师专,汇款人姓名只写'学生'两字。"而这位特殊的"学生"便是陈新杰,当时他正在集美师专参加培训,这20元是他当时拿到的生活补贴,全都被他捐了出去,这是他第一次捐款。40年来,他在生活上省吃俭用,在公益事业方面却十分慷慨。

退休后,陈新杰更是潜心投入对陈嘉庚先生的研究和集美学村文史的挖掘工作上,曾撰有《嘉庚故里》《集美学村大观》等书。谈论研究陈嘉庚的初衷,陈新杰是这样说的:

1984年3月18日《厦门日报》第二版
（由陈新杰提供）

在他的影响下，我遵循"良知做人，责任处世"的人生信条。我退休以后，致力于嘉庚的研究、学村文化的挖掘。这些都是围绕着嘉庚的精神，特别是他诚毅、重社会责任的精神来做的。我挖掘到的一些资料，我讲出来的，往往是别人不知道的，所以我就觉得有成就感。看到有一些人写的、讲的不符合历史，甚至有人贬低陈嘉庚，我就觉得有责任介绍真实的历史、真实的陈嘉庚。我们要讲，要驳斥人家，要有事实根据。我把亲耳听到、亲眼看到的东西写出来，人家不一定服，所以我一定要找根据。我首先全面地翻找《厦门日报》。从创刊号开始，也就是自1949年10月22日翻到1990年。翻阅时每一页都要去看有没有关于集美的报道，有就摘录。当然有的内容集美图书馆没有，为了找1950年之前的，我就跑到市图书馆。《厦门日报》创刊号市图书馆没有，我跑到厦大图书馆才找到。我就是要不放过每一条关于集美的报道。当然，在这个过程中，在集美图书馆，当时确实是很苦。夏天很热，以前还没改造，那个旧书库库房不透风，非常地热，灰尘也很多，甚至他们说有毒，但我依然坚持。冬天冷得要命，冷得手都发麻，但是我既然决心要做，就要做到底。

像集美龙舟赛，原来说是1953年开始的。但实际上是1953年《厦门日报》才开始有报道。1957年龙舟赛是第七届，所以1951年和1952年肯定举行了第一届和第二届。后来我到校委会的档案室去查，就查到了1951年确实是有举行，但那一天遇到大风浪，所以取消了。但是厦门有一些篮球队等参与配套活动的人都来了，这些都能找到记载。也是因为风浪大，所以陈嘉庚决定第二年（1952年）将比赛移到水池里面举行，这样就不受风浪影响，不受时间限制。不然等到潮水一退下去就是海滩了，龙舟赛没办法进行。池子里面的水就比较稳定，就开始建龙舟中池。这些从报纸报道中可证实。1954年开始建龙舟外池，到1955年，龙舟外池的堤坝已经合龙，就开始在简陋的池里进行比赛。到1957年，亭台等配套设施建好以后，那一年的龙舟赛，他在南辉亭上致辞，这些内容也可从《厦门日报》上得到证实。

在研究"嘉庚精神"的过程中，陈新杰时常被陈嘉庚顽强的毅力打动。1958年1月19日，陈嘉庚前往北京参加全国人大一届五次会议。此时，陈嘉庚右眉上部有个肿块，到达北京后，肿块越发明显，遂前往北京协和医院检查，确诊为鳞状上皮癌。中央领导非常重视，安排专家会诊，并采用放射治疗控制癌症扩散。然而，陈嘉庚心系海潮发电站等厦门建设，在病情有所控制的时候，便偕同七子陈元济夫妇（从新加坡到北京医院探望）返回集美。之后，因病情多次复发，陈嘉庚多次前往北京进行治疗，等病情有所好转，再返回集美，甚至不顾身体情况，天天到海潮发电站等建设工地进行视察。据陈新杰描述：

  陈嘉庚的这些故事非常多，真的要讲，几天几夜都讲不完。让我非常感动的是1958年，他已经是84岁的高龄了，得了癌症，虽通过镭射线把病情控制住了，但也留下了右眼失明、伤口不能愈合的后遗症。1958年2月陈嘉庚病发，中央人民政府组织人员把他抢救过来，病情控制住了。到了4月他能下床，就马上要回厦门，回集美来。4月25日，他要离开北京，医院医生怎么劝都劝不住。如果他好好休息，在医院疗养，还能多活好多年。但他就是要回来。4月回来，一下车就径直到海潮发电站工地巡视，现场办公后才回故居，第二天又赶到华侨博物院工地办公。就这样带着病情坚持工作，到了6月病倒后，送去厦门第一医院抢救，然后中央派专家到厦门把人抢救回来。之后又送到上海去治疗。到11月他病情好转以后，他又要回来。所以如此这样反反复复的两年间，从1958年4月到1960年9月，他往返京厦各6次。每次都是病情好转以后，回来操劳，再病倒后，才又到北京去治疗，治疗以后好转了，他又马上回来。一个84岁高龄的老人，本来应该要好好地颐养天年的。可是他得了癌症，虽然控制住了，但是伤口无法愈合（每天都要清洗换药），他还坚持回来工作。当时是坐绿皮火车，从北京颠簸回来，最少也要五六天。所以他这种毅力和执着的精神实在是令我们感动。

忠厚老实的父亲　曾是"校主的柜匙"

父亲陈天送毕业于集美高级商业职业学校[①]，财会技能突出，被称为"双（算）盘手"[②]，是集美学校的财务人员，备受陈嘉庚先生的器重和赏识，被称为"校主的柜匙"。据陈新杰回忆：

我父亲一辈子人家都说他忠厚老实。后来我发现了一块集美学村公业的碑。那上面写着在新加坡，陈嘉庚为了集美学村的公有事业，首先发动在新加坡的侨亲捐款，当然他和他的子女是带头捐款。我的父亲也捐了，那个碑刻上刻着50块。在那时50块的面值是很大的。当时我父亲刚从学校毕业，嘉庚先生请他去管账。他（我父亲）应该是把所赚的钱全部捐出去了，一个青年学生，刚来就业就捐了这么多钱，所以陈嘉庚就记住他了。在这之前，我听我母亲说，当然她也是听我祖母说的，说我父亲去当了几年的番客，回来的时候只带回了一桶饼干。也就是说他没有带回钱，那钱到哪里去了呢，应该就是放在这边（都捐出去了）。也正因如此，然后陈嘉庚才这么器重他。

---

① 集美大学财经学院的前身，1920年8月，陈嘉庚先生在集美学校内设商科，1941年8月，商科独立为校，改称为"集美高级商业职业学校"。
② 陈新杰：《"诚毅"是用之不尽的财富——缅怀我的父亲陈天送》，载《集美校友》，2011年第5期。

謹將購建本座產業樂捐芳名列左

陳嘉庚壹仟元
陳文確叁佰伍拾元
陳庚辛貳佰伍拾元
陳纓朝貳佰元
陳同福壹佰元
陳治國壹佰元
陳有土壹佰元

陳厥福壹佰元
陳厥祥壹佰元
陳愛禮壹佰元
陳博愛壹佰元
陳文履壹佰元
陳賜曲伍拾元

陳天送伍拾元
陳登科伍拾元
陳八卦伍拾元
陳文凱伍拾元
陳文啓伍拾元
陳束來貳拾元

中華民國廿三年十一月 立石

集美学村公有业场乐捐芳名碑刻（由陈新杰提供）

1950年9月5日，陈嘉庚回到故乡集美定居。之后，他大部分时间除了为国家建设建言献策，都用于集美学校和厦门大学校舍的修复和增建，以及对集美海堤和海口工程（外滩风景区）的筹建工作上。因扩建学校的需要，陈嘉庚在1952年年底重新组建集美学校建筑部，忠厚老实的陈天送便开始负责集美学校建筑部的财务工作。

陈新杰在《集美校友》中的《集美学校建筑部》一文中写道："抗日战争及解放战争给集美学村带来莫大的灾难，陈嘉庚回乡定居后，体恤族亲的'赤贫如洗''凄苦'……因此人们的廉租解困房建设、生活困难的救济、扶持生产的贷款（无息、无期限）、医疗费的减免、子弟的助学、社区环境文明建设开支、龙舟竞技赛南乐社芗剧团武术篮球诸文体活动费用的所有公益开支校主都包下来，从在集美学校建筑部的资金拨付，事务都到建筑部找陈天送办理。1955年管理上述公益费用的集美社公业基金管理理事会成立后，公益开支仍由陈天送管理，建筑部也成了公业基金理事会的办事处。"工作忙碌繁重，但是陈天送仍然坚持着，有条不紊地执行处理每一个环节。

陈嘉庚一回集美，首先就叫我父亲去管财务，先是在厦大建筑部工作，后来集美从1952年年底开始要成立集美学校建筑部，陈嘉庚筹集来的资金都要有人来管理。学校原来的办学经费，由校董会管理。他回来以后，筹集到的钱款，他自己批，要我父亲来管理。当时陈嘉庚是要节约人才，一个人要干多个人的工作，所以像公业基金会的全部业务，他要我父亲负责。集美学校建筑部几千个员工的工资支付、集美学村这么大规模的建筑材料等费用，也都是他在管理。因此，我父亲的工作任务非常重，但我父亲也是在没日没夜坚持做。我们小时候经常是等他回来吃饭的，有时候我们等得都没办法，他工作实在太忙。好不容易回来吃饭，又有人来找他，来办理乡亲的福利（公业基金会）这些事情。我们没有看到他和陈嘉庚在一起的照片，因为他太忙了，没办法出来。有一张在厦大的照片，那个时候他刚调离厦大回集美，所以没和厦大建筑部的人员一起和陈嘉庚拍照。但是我有陈嘉庚的一封信的复印件，信的内容写的是让我父亲回集美，把从香港采购的一台X光机送回集美医院，这在那时候是很先进的设备，还把从香港采购的一些药品带回来。这封信是陈永定复印给我的。因为他勤恳廉洁，陈嘉庚器重他，当时群众都说他是陈嘉庚的

"柜匙"。后来，中共厦门市委统战部聘他和陈村牧、张其华为集美学校委员会的顾问。

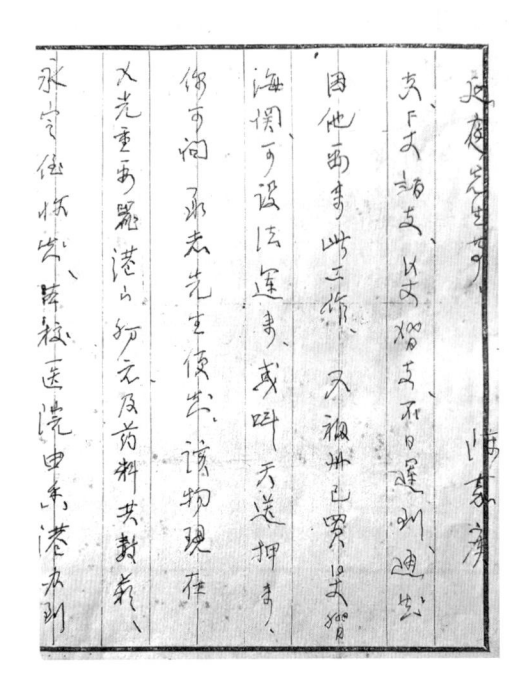

陈嘉庚让陈天送将从香港采购的X光机和药物带回的信件（由陈新杰提供）

1955年年初，陈嘉庚暗自认为自己"大限将至"，开始处理自己的后事。据陈嘉庚的秘书张其华所述："在1955年1月至3月，一种不自在的情绪缠住了嘉庚先生。"在这三个月中，他对自己的事业和家庭做了详细的规划交代，并写了第一份遗嘱。在遗嘱里，他谈道："（他去世后）集美学校校董会如有存在，陈朱明、陈仁杰、陈天送、陈顺言、陈水萍五人均须加入为会员……"这种"不自在"的情绪直到三月底，才逐渐转为正常。而其中缘由，竟是因为一位算命先生。据陈嘉庚的侄子、陈敬贤之子陈共存回忆，陈嘉庚在爪哇避难期间①认识一名颇有声望的青衣相士,他给陈嘉庚算过命后,断言他将寿止于乙未年正月廿九辰初三刻,即1955年2月21日上午7点三刻。于是陈嘉庚便写下了第一份遗嘱,当时集美学校的领导机构为集美学校校董会。1955年陈嘉庚没有去世,直到1956年1月,为了集美学校发展的需要,陈嘉庚在人民政府支持下亲自将校董会改组为集美学校委员会,而在第一份遗嘱中所提及的五人,均为委员会的主要成员。

1958年6月28日,身患鳞状上皮癌的陈嘉庚将八子陈国怀以及叶祖彬、张其华叫到病床前,开始口述遗嘱。在这第二份遗嘱的内容中,陈嘉庚提出"交代每年给予叶祖彬、陈天送、陈坑生、陈永定的生活补贴……"

陈嘉庚的两次书面遗嘱里面都提到我父亲:第一次是说他去世以后,校董会会不会存在。如果校董会不存在,他的遗业就归集美公业(为应对他去世后可能产生的变化而于1955年1月设立的集美社公业基金会的简称)主持,如果有存在(之后是实际存在,只是机构易名,人员调整而已),我父亲要做委员(1956年1月校董会改组为校委会,改组公告在《厦门日报》上公布,17位委员中有我的父亲)。然后他在第二次遗嘱里面明确说,有四个人,每年年底都要给一个红包做生活补贴,让他们这些人领到百年以后。我父亲可以说是陈嘉庚最信任、最挂念的四个人之一。

---

① 1942年2月,日军对新加坡展开进攻,陈嘉庚成为日军抓捕的重要对象。于是陈嘉庚被迫避难印度尼西亚爪哇,避匿了三年又八个月。1945年8月12日,日本无条件投降,但因当地劳工发生暴动而被困守,陈嘉庚于9月中旬转移至印尼玛琅,直至10月1日动身返回新加坡。

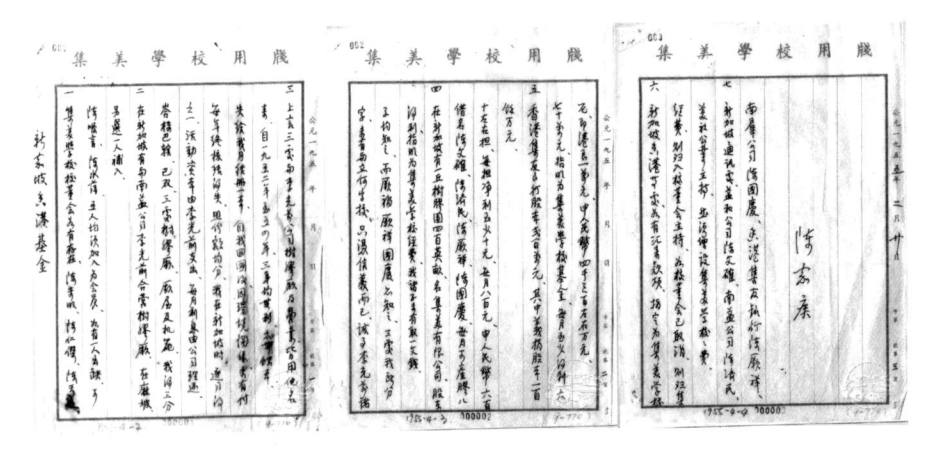

1955年陈嘉庚亲拟的第一份遗嘱手迹（由陈新杰提供）

感念"嘉庚精神"，写信追忆恩典

2023年，在纪念集美学校成立110周年暨"集美学村"正式命名100周年之际，陈新杰写了一封信感念嘉庚情，在谈到写这封信的初衷时，陈新杰感慨万千：

我写这封信的初衷①，一方面，作为族亲，我听到感受到他对乡亲非常好，非常关爱。信的内容主要讲的是他1912年回来的时候，当时带着一套生产海蠔（蚝）罐头的机器和办学的钱款。当时集美的海蠔（蚝）产量不少，但是销量很差。因为是处在尽尾的地方，从地理形势来讲没有销路，所以集美人民很贫困。当时他就说要办海蠔（蚝）罐头加工厂，来提高它的销路。特别是他在20世纪30年代，他亲自向省政府，当时的民国政府申请说集美学村这些村民免交田赋税，各种杂捐杂税。结果省政府批准，所以减轻了乡亲们

---

① 内容详见附录。

的负担。再有一个就是他到了晚年的时候，回到集美后就为乡亲提供助学医疗住房等福利。他原来有预测1955年3月的时候就会走，所以他就在当年1月设立了一个公业基金会，目的也是在他百年以后，让集美人还能继续享受这些福利，他一直在为我们这些族亲着想。这个公业基金会到现在还在运作，集美人一直在享受他给的福利，也就是说，他考虑到了我们族亲的子孙后代。几十年过去了，公业基金会到现在还在发挥作用。所以是我们首先要感谢他的，要铭记他。

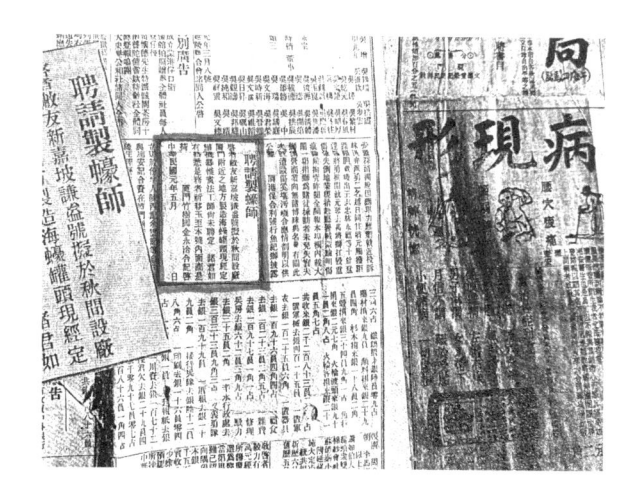

海蠔（蚝）罐头加工厂聘请制蚝师的广告（由陈新杰提供）

另一方面，主要是讲他的办学。他为什么要办学？他是有很明确的目的的。他要启迪民智、提高国民素质、促进社会的文明进步，要社会好。在《集美小学记》里就有明确说："慨祖国之陵夷，悯故乡之阋斗，以为改进国家社会，舍教育莫为功。"第一句"慨祖国之陵夷"就是指祖国受侵略，这个容易理解。第二句呢，"悯故乡之阋斗"，多数人如果不了解集美，结合集美当时的时代背景，很难理解。这句话说的是故乡的人民贫穷愚昧，很穷但是窝里争窝里斗，所以整天哄闹不止，甚至发生械斗，要改变这种社会状况，他就要办教育。陈嘉庚的出发点并不只是为了办学，更是为了提高公民素质。他还讲到，他看到乡村很多地方，十多岁的孩子还赤裸着身体在打闹，也觉得无所谓，这个场面使他触目惊心，惊叹不已。首先，他要大办师范，在全省把这些师范生培养出来，到农村各地去办教育。其次，他要为了强国办学。在筹办厦门大学的时候，他说："今日之世界，一科学全盛之世界也。科学之发源，乃在专门大学。"所以说他办学是为了科技强国。还有一个，也是讲他为民族，为国家作贡献。抗日战争，他为国家组织南侨机工回国抗日，组织华侨筹赈会为祖国抗日捐资。

嘉庚办教育是为启迪民智　促进社会文明进步

嘉庚教育遗产，实际上，有形的我们都会看到，这些嘉庚建筑是国保（全国重点文物保护单位），甚至是有申遗的潜质，那申遗工作在这方面我们也觉得应该要继续努力。现在世界上几大流派的建筑，实际上都是以屋顶的结构、装饰来定义的。嘉庚建筑的楼顶，飞檐翘脊很有民族特色，要作为一大流派，完全是符合这个国际社会的说法的。

但是还有一点就是嘉庚的教育思想，实际上到现在我们觉得一直没有被挖掘出来。也就是说，我们要申遗，一定要把它作为很重要的一个条件。他办教育是要启迪民智，促进社会文明进步，这个说法我们不是没有根据。实际上陈嘉庚曾经讲过的这些都是有记录的，我们有找到他的这些说法的记录。比如《集美小学记》是碑刻的；还在他的《南侨回忆录》里面写到：办大学，是为了科技强国①。他提倡"德智体美劳"全面发展，把集美龙舟赛改成体育竞技赛，这个也是他的创新，传承发展了我们的龙舟文化。对于这个龙舟赛，他又把它作为集美学校的体育项目，命名为"集美学校第几届"龙舟赛，从1951年开始举办。他一贯重视学校的体育工作，把民族的文化引入了我们的体育当中。我们申遗，他的这些重要的教育思想，应该把它们拿出来。

1923年8月下旬，闽军、粤军在厦集海峡对峙交火，数千名闽军驻扎进集美学校，严重影响学校的安全。在混战中，更有集美学校中学部八组侨生李文华、李凤阁在乘船前往厦门的路途中，遭到闽军枪击，李文华身中三弹不治身亡。军阀火并激起了师生强烈愤恨，当时身处新加坡的陈嘉庚致电闽、粤两军首领，要求驻军撤离集美学校。

为了保护学校远离战火，时任集美学校校长的叶渊遵照陈嘉庚函示，倡议将学校所在地划为"永久和平村"，并率领师生请愿，抵制军阀暴行。请愿书共有四点，而"集美学村"的名称也从此启用。

一、公认集美学校设立地为学村。

二、集美学村范围，北以天马山为界，南尽海，东及延平故垒及鳌头宫，西抵岑头社及龙王宫。

三、学村范围内，不许军队屯驻、毁击及作战。

四、有破坏前项规定者，即为吾人公敌，当与众共弃之。

请愿书一经发出，受到南北军政当局以及各界支持。10月20

---

① 本处内容出自1923年9月6日《本报开幕之宣言（实业与教育之关系）》："何为根本？科学是也。今日之世界，一科学全盛之世界也。科学之发源，乃在专门大学。"

日，孙中山从大元帅大本营内政部电令，对集美学校给予保护："查教育为国家根本，无论平时战时，兵望治，人有同心，国内和平，尤政府所期望。不幸而有兵事，仍应顾全地方，免为文化之阻碍。该校创设有年，规模宏大，美成在久，古训有徵，芽蘖干霄，人才攸赖。兴言及此，宁忍摧残！应请贵省长转致两省统兵长官，对于该校务宜特别保护，倘有战事，幸勿扰及该校，俾免辍废，则莘莘学子，永享和平之利。"

和平村请愿成功，10月底，集美开始紧锣密鼓地筹备成立集美学村委员会。集美学村委员会规程规定，本会以筹备集美学村使成为极美丽文明之模范村为宗旨；本会联合学校校友及集美社家长（族长老大）组织之：会长为校主（陈嘉庚、陈敬贤昆仲），副会长为集美学校校长叶渊（可受托于正会长，代行正会长职权），集美社（渔村）各房角的老大及学校教职员64人组成委员会。学村委员会设有教育、卫生、建筑、警务、统计、文牍、会计、交际等8股，股长由家长或教职人员担任，诸股长为委员会常委。①集美学村委员会成立之后，对集美学村进行文明建设的改造，促进全面贯彻陈嘉庚"启迪民智"的教育思想。

今年（2023年）是集美学村命名100周年，实际上呢，在1923年这一年，陈嘉庚亲任会长，成立了集美学村委员会，委员会的宗旨是"把集美学村建成极美丽文明的模范村"，在100年前，他就提出来了，这个在章程里面我们都找到了。这也是陈嘉庚的一个创新，人家要让他当校董会的会长，他不当；让他当集美校友总会的

---

① 内容出自陈新杰《集美学村的村校共建》。

会长，他也不当。但是在集美学村委员会，他就亲任会长。实际上这个集美学村委员会，是他把学校的一些中层骨干和集美社里面各房角的老大组合成的委员会。这是让村校文明共建的一个地方自治组织，是很大的一个创新。当时他还成立一个集美学村的戒毒所，当时叫"戒烟所"，实际上是戒鸦片烟。这些历史我们都找到了照片，这也是现在文明建设的一些做法。还有修道路、改善渔村环境、建公厕等等工作都开始将集美学村进行城市化改造。当然在那个时候，前期工作没办法全实现，但改变了教学环境，促进了办学的顺利。20世纪50年代他回来了之后亲手抓，在社会主义新中国才全部实现的。

陈嘉庚的教育思想还体现在他改革招生制度的举动上——依办学目的而招生。1918年，陈嘉庚创办集美师范学校，此时远在新加坡的他特意给闽南30多个县里劝学所的所长写信，请他们代为招收学生。深知福州师范学校招生弊端的他在招生方面进行了改革："每年招生二班八十名，多不公开招考，盖官僚教师及城内富人豪绅之子弟，早已登记占满，闽南人焉能参加。所收学生既无执教鞭之志愿，又非考选合格，程度难免参差，学业勤惰更所不计，只求毕业文凭到手，谁肯充任月薪二三十元之教师。故闽北虽有此校，而小学教师仍形缺乏。即使每年七八十人肯出任教师，亦是杯水车薪，况其中多属膏粱子弟，教职非其所愿。不知小学教师一职，唯有贫寒子弟考选后经过相当训练，方能收得效果。"[1]陈嘉庚要求学校一定要多招收贫困子弟，并且免去了学宿费和伙食费，需要的被褥、蚊帐、草席等生活用品也由学校提供，每年还提供春冬两套制服，

---

[1] 陈嘉庚：《南侨回忆录》之《闽垣师范学校》，上海：上海三联书店，2014年，第4页。

为的是给这些贫寒学生提供更多学习的机会，等到学成毕业后，好回馈乡梓，教书育人。因此，吸引了闽西南以及广东潮州、梅县一带许多寒门子弟，纷纷前来报考集美师范学校。而在这里，培养出罗扬才、李觉民、罗秋天、巫丙熹等一批革命先贤，见证了闽西南第一个共青团支部的诞生。

还有一份资料，大家都知道，在三立楼成立我们闽西南共青团支部，实际上就是当时学校在三立楼中间的立德楼的二楼，让学生组织一个学生自治会和一个读书会。这也是民主办学的一个很好的说明。读书会有22位发起人名字的《集美学生读书会宣言》，这个宣言就发表在《集美周刊》上，这个我很早就发现了。福建省第一个党支部书记罗扬才，闽西南第一个共青团支部的书记李觉民，以及集美小学党支部第一个书记巫丙熹，这三个人都是读书会的发起人，在宣言里都能看到他们的名字。他们能走上革命道路，集美学校这个读书会起到很大的作用。我们也发现，在隔壁楼的集美学校图书馆里面，有大量的马列（主义）的书。在《集美周刊》我们也看到，集美学校图书馆买书的报道，在买进书的书名里，我见到了有不少马列主义的书，包括共产党中央的机关报《向导》，集美图书馆也购进了。这些青年学生读马列的书，然后才走上了革命的道路。就是有这些基础，才成立了共青团支部。还有一个，就是这些读书会的成员为什么这么容易走上革命道路，读马列的书是其中一个原因，但是最主要的是当时陈嘉庚明文规定要从全省各地招收贫苦的学生子弟来学校，大县招五六个，小县招三四个来。他说这些贫苦学生会致力于办教育，所以让他们免费来这边读书，然后回去传播，回去办学。因为读书会的学生都是贫苦学生，容易接受革命道理，就走上了革命道路。当时陈嘉庚也知道福州有一个师范学校，招收的都是贵族子弟，权贵子弟毕业拿到文凭后，都不干教育了。所以陈嘉庚办教育，很注重学生的品行的教育。这也是一个很大的发现。

附录

陈新杰 2023 年写给嘉庚伯公的一封信

敬爱的嘉庚伯公：

在您创办集美学校 110 周年的大喜日子里，我们格外怀念您！当年作为您的宗侄孙经常见到您，听到您的教诲，非常荣幸。半个多世纪过去了，您的音容笑貌依存，您的教诲铭记我心，您的精神一直激励着我迈步向前。

敬爱的伯公，从上辈人的传说和自己所见，我知道，110 年前您事业有成，胸怀故土，心系乡亲，满怀治贫治愚改变家乡面貌的深情，从新加坡回到集美。您办工厂、办学校给乡亲们带来了新希望。您提请政府免除乡亲们的各种赋税，减轻了乡亲们的负担。您扶贫济困，资助乡亲们就学就医，解决住房、就业难题，惠及各家各户。晚年，您为了您百年后乡亲们仍能享受您带来的福利，组建了公业基金会。半个多世纪过去了，公业基金会仍在运作，乡亲们仍享受着您的恩惠。您的大恩大德激励着乡亲们向善向上做有益于社会的人，激励着侨胞们关心乡梓，反哺故里。

敬爱的伯公，从您的《南侨回忆录》里，我们知道 110 年前，百姓因贫困而不讲文明，因愚昧而不知羞耻，社会几将恢复上古野蛮状态，您触目惊心，弗能自已；那个年代祖国备受帝国主义欺凌，您义愤填膺；乡亲们贫穷愚昧而哄斗不止，您痛心疾首。为了社会的文明进步和富民强国，您毅然倾资兴学开启民智，提高国民素质，自尽责任，倡办和创办了100多所学校。您一生深怀爱国之情，坚守报国之志，是今天侨胞的楷模，是我们学习的榜样。我们欣喜地告慰您，当年您的学子已一位又一位地回馈母校，报效祖国；您的集美学村已发展为拥有16个高等学校科研院所的大学城。

　　敬爱的嘉庚伯公，您思想的先进，决策的英明，使我们惊叹不已！100年前的金秋十月，您亲任会长组建了集美学村建设委员会。您亲定的委员会宗旨是使集美学村成为极美丽文明的模范村。学村建设委员会是村校文明共建的地方自治组织。学村委员会开路、建公厕、戒毒禁赌、调解械斗，它的诞生使我们这偏僻的千年古渔村有了新气息。在新中国您亲自规划亲自督建了老社区的村改居城市化建设及学村外滩的风景区建设；亲自组建了南音社、芗剧团、武术队；亲自创办龙舟体育竞技赛；亲自规划并命名了杏林湾的学村后花园"南湖"的建设。现今您的集美学村已成了厦门市的烫金名片，成了国家4A级旅游景区；您的厦门大学及集美学村建筑已成为国家重点保护文物，是中国20世纪建筑遗产；您创办的龙舟赛成为福建省的非物质文化遗产，南音社和芗剧团是集美区的非物质文化遗产，南湖成了国际园林艺术博览苑，世界唯一的水上大观园。您的集美学村已真正成为极美丽文明的模范村！

　　即颂

　　万古长青

您的宗侄孙　陈新杰　敬上
2023年10月5日

一生竭尽国民天职 矢志不渝

陈毅明 口述

陈毅明

陈毅明，海南琼海人，1935年出生于新加坡，厦门市华侨博物院名誉院长。

1953年陈毅明回国，9月到集美中学读书，1957年中学毕业后考入厦门大学历史系，于1961年毕业并留校任教，在厦大历史系东南亚史教研室从事华侨史的教学和科研。1990年，陈毅明调华侨博物院任副院长（主持院务），曾兼任厦门大学陈嘉庚研究室副主任，1999年退休。

陈毅明一生潜心研究陈嘉庚的精神事迹，合著、合编的书籍有《陈嘉庚年谱》《陈嘉庚教育文集》等。2007年，参与《百家讲坛》节目，讲述《我心目中的陈嘉庚》，获得国内外观众一致好评。

只要有条件我就要开华侨史这门课，起码要让厦门大学文科毕业的学生都知道一点儿华侨的历史知识，厦门大学的领导、师生都应该知道校主陈嘉庚是一个什么样的人。

2007年，年届古稀的陈毅明走上了中央电视台《百家讲坛》的舞台。她讲述的陈嘉庚和南侨机工动人事迹，深深打动了电视机前无数观众。这位即将迈入鲐背之年的华侨博物院名誉院长，一生都在潜心研究陈嘉庚；她曾说，她是陈嘉庚留下的教育伟业的直接受益者，她人生中的多次重大选择，也皆源于陈嘉庚。

求学之路与集美情缘

陈毅明儿时在南洋的生活颠沛流离。她的人生轨迹与陈嘉庚产生间接的联系，是源于她当时的级任老师李鸿江。1946年至1949年，陈毅明在星洲幼稚园附属小学读书的时候，集美师范学校毕业的李鸿江是她的老师，教授国文和绘画。在老师的教导下，陈毅明了解到了1915年5月9日，袁世凯接受日本"二十一条"，国家受到了沉重的屈辱，也了解到了陈嘉庚在集美创办学校的壮举。除此之外，李鸿江老师也很注重培养学生的爱国情怀和时事意识。他鼓励陈毅明阅读课外书籍，在老师的引导下，她开始对国家和时事有了初步的认知。陈毅明回忆说：

我在新加坡出生，但是后来我跟随父母到过北婆罗洲、荷属东印度（现印度尼西亚）的廖内等地方，可以说是居无定所。到了1946年6月，我跟随着继父和母亲回到了我的出生地新加坡，当时要读书，但是我的学籍不对，没法儿在当地上学，于是我的继父就安排我去补习。我印象很深，当时去补习的地方叫作国术馆。我就发现这些年轻人，包括我的继父、母亲，对陈嘉庚非常崇拜，经常讲到陈嘉庚,他们说陈嘉庚很了不起,很勇敢。之后当我在小学读书的时候,当时教国文和画画的级任先生叫李鸿江,跟李鸿章一字之差,我的印象很深。他说他是漳州漳浦人,在陈嘉庚办的集美学校读书。在5月9日"国耻日"的时候,他都会在上课前,告诉我们今天是什么日子,为什么要记得。他每一次讲到"五九国耻",讲到在集美学校读书的时候,他那个神情动作,都深深感染了我。从此我知道了有一个集美学校,也知道了陈嘉庚。

小学毕业后的陈毅明,由于家境贫寒,便进入了阜安布伞行做工,然而,她并未因此放弃对知识的追求。在工余的时间,到醒华夜校学习以及到益群夜校成年识字班当教务助理。在夜校的日子里,她结识了许多志同道合的老师和同学,他们对陈嘉庚的崇敬之情,以及那些为中国和马来西亚解放而努力奋斗的爱国者的精神,都深深感染着陈毅明,革命的种子在她心中悄然生根。

1952年,受到夜校一位搞工人运动的中学生影响,陈毅明联合十多位工友争取三八妇女节带薪休假的权利,并且在醒华夜校两周年纪念日的时候,她更是勇敢地登上讲台,高声疾呼打倒英帝国殖民主义。结果,引起英殖民当局的注意,怀疑她和共产党有所联络,遂以触犯了《紧急法令》为由,把她先后关押在中央警察局、西罗敏女牢以及巴生集中营。在拘禁期间,英政府曾试图诱使陈毅明去"感化院"接受感化,以获取自由与优待,但是她果断拒绝了,于是在历经了1年又14天的牢狱生活后,陈毅明等人被英殖民当局遣送出境,在离开新加坡之前,陈毅明毅然决然地选择回到祖国的怀抱。于1953年7月22日,年仅18岁的陈毅明便与300多名同胞踏上了回国的征程。①

要回国的时候,我心想我赶不上参加祖国的解放战争,那我回来就要参加祖国的建设。当时接侨的干部中,有一个是厦门人,名字叫陈淑(音译),他问我是否还要去读书,我说如果现在从初中读起超龄了。他让我去补习一个月,然后参加考试。当时有一个华侨学生中学统一考试,考了以后根据你的程度进行学级的分配。我被分配在初三年级,初中77组丙班。其实当时我是可以到北京、哈尔滨、武汉、广州等地方读书,但其他地方我都不想去,就要去陈嘉庚的故乡,选择我的老师曾经读书的地方。因此,我来到了集美中学。

1950年陈嘉庚回集美定居,每天都要拄着手杖在校园、建筑工地巡视,正在学校读书的陈毅明,便时常见到校主忙碌的身影。此外,陈嘉庚的演讲更是激情澎湃,每次都能引发师生的热烈反响。然而,由于陈嘉庚先生不通国语,他的演讲内容都是用闽南语来表述的,这让听不懂闽南语的陈毅明颇感为难。为了了解校主演讲的内容,陈毅明不得不借助同学们的转述或查阅资料,过程中也发生了不少趣事:

我记得当时,我们在学校的大礼堂听陈嘉庚的演讲。现场真的是太热闹了,掌声不断。当时我听不懂闽南语,我经常会问同学他演讲的内容,同学们都听得很认真,不愿被打扰,和我说别吵别吵,过后再告诉你。特别是1956年的那次演讲,直到我后来看了资料,才知道他演讲的内容是什么,当时还听不懂。除此之外,我

---

① 《鹭风报》文章《我的选择,于心无愧——记毕生研究侨史宣传嘉庚精神的陈毅明》。

们经常会在校园里看到陈嘉庚。我们大家当时都称呼他"校主"，许多同学看到他，远远地叫"校主好"，这个时候，陈嘉庚都会跟大家打招呼。后来我才知道，原来他每天都要巡视，无论是上午还是下午，他不是在那里散步，而是在视察学校、建筑工地。

感念校主情　一心研究陈嘉庚

高中毕业后，身边的老师同学纷纷建议陈毅明报考北京大学中文系，然而，出于对陈嘉庚深深的敬仰和感激之情，陈毅明毅然选择了厦门大学历史系，在毕业后她更是选择留校工作，继续深耕于这片她热爱的学术土壤。在厦门大学教授历史的陈毅明，由于一些特别的契机，开始致力于华侨史的研究和陈嘉庚精神的弘扬宣传，据她回忆：

我研究陈嘉庚有这样一个原因，当时集美水产学校有一位人事干部是同安人，他叫曾连城，和我一个同学同名。他和我说，你既然是学历史的，那为什么不研究陈嘉庚呢？我当时心想：是啊，我可以去研究陈嘉庚啊。他送给了我一本《集美志》，还有一本陈嘉庚的纪念册，于是从那时起，我就注意研究陈嘉庚的史料。还有一件事触发我，让我下定决心一定要宣传陈嘉庚。1979年，当时在厦大，放映了一部电影叫《海外赤子》，尽管这个故事情节我不记得了，但是我记得这部电影放映以后，我的老师和我说，陈毅明啊，我听说你对陈嘉庚感兴趣，陈嘉庚又怎么了，华侨又怎么了，那不过就是有钱嘛，如果我有钱我也是陈嘉庚啊。我当时听完了之后感到心寒，心想亏你还是历史系的老师，竟然说出这种话。所以当时我就在想，只要有可能，我就要开华侨史的课，我就要研究陈嘉庚，因为如果学生不懂得华侨就不了解陈嘉庚，不了解陈嘉庚，就不会知道厦门大学是怎么创办的。

陈毅明提出开设华侨史课程的想法时，得到了时任厦门大学副校长潘懋元和时任历史系主任陈在正的鼎力支持。陈在正主任更是特意安排陈毅明担任陈碧笙教授的助手，这一举措为她在华侨史研究领域的成长奠定了坚实基础。于是，陈毅明便以陈碧笙为导师，在厦门大学历史系开设华侨通史课，并着手研究整理陈嘉庚的资料，并以陈碧笙为主编、陈毅明为主要撰稿人出版了《南洋华侨史》，为华侨史研究贡献了宝贵资料。在陈碧笙教授的影响下，陈

《南洋商报》对陈毅明的采访报道（由陈毅明提供）

毅明对陈嘉庚的了解更为深刻。①

自愿前往华侨博物院工作

在厦门大学教授了20余年历史的陈毅明,却在1984年作出了一个大胆的决定:她要申请调往华侨博物院工作。

1981年,中国华侨历史学会在北京成立,当时我去参加了,在那里认识了厦门华侨博物院的负责人陈永定。当时我在厦大教华侨史的时候,经常会带学生到华侨博物院参观,我感觉到那里需要一个专业人员,所以我在1984年开始申请,要求调到华侨博物院工作。到了1990年的时候,厦门大学批准了我的调动,于是我就到华侨博物院工作,直到1999年,我"超期服役"才退休。

当了解到华侨博物院缺乏专业人员的情况,一心渴望深入研究华侨历史和弘扬嘉庚教育精神的陈毅明,坚定地选择前往工作。这个决定并非一时冲动,而是陈毅明深思熟虑后的结果。她深知,这将意味着她必须离开熟悉的教学环境,去面对一个全新的领域和挑战。但她也明白,这样她能用她多年学习研究的专业知识为陈嘉庚校主创建的教育遗业增添光彩。②

华侨博物院这一由陈嘉庚晚年倾力创办的文化瑰宝,不仅承载着深厚的社会教育功能,更是研究与展示华侨历史文化的核心机构。1949年至1950年,陈嘉庚先生亲自走访了东北与华东地区,

---

① 内容参考自《鹭风报》文章《知道陈嘉庚以后》。
② 内容参考自《鹭风报》文章《知道陈嘉庚以后》。

深入考察了当地的博物馆，对其展示陈列的文物留下了深刻印象。他坚信，博物馆作为文化的载体，不仅具有深厚的历史价值，更能通过其独特的方式，发挥广泛的社会教育意义。为了进一步落实建造博物院的蓝图，陈嘉庚先后参观了厦门大学生物馆、人类博物馆，并与人类博物馆的创办者林惠祥[①]教授共同策划商讨华侨博物院的具体事宜。之后还亲往天津、济南等地的博物馆进行实地参观考察，并向专家进行研究讨论。在华侨博物院的建设过程中，陈嘉庚亲自设计陈列大楼，甚至对门前石阶的样式都考虑周全，他认为大门前的石阶应呈半月形，而且每层台阶必须宽一尺一寸，方便行走。对于馆内的陈列品，陈嘉庚更是亲自征集收购，精心设计馆内展品的摆放位置，对每一处细节都十分考究。[②] 1956年9月，陈嘉庚亲自撰写《倡办华侨博物院缘起》[③]，在文中，他详细地阐述了创办华侨博物院的初衷、目的以及布局和发展规划。最终，1959年5月14日，华侨博物院正式开放，落址于厦门市思明区蜂巢山西侧。尽管当时陈嘉庚饱受病痛折磨，右眼失明，但仍坚持亲自主持了开幕剪彩仪式[④]，甚至在招待来宾参观的过程中，都保持着充沛的精神和良好的状态。

[①] 林惠祥（1901—1958年），中国人类学家。1926年毕业于厦门大学社会学系，是厦门大学第一届毕业生。1931年回到厦门大学担任历史社会学系教授，1951年发出倡议并主持建立了厦门大学人类学博物馆，1953年人类学博物馆正式对外开放，林惠祥担任馆长。

[②] 内容参考自陈永定，中国人民政治协商会议全国委员会，文史资料研究委员会：《回忆陈嘉庚——纪念陈嘉庚先生一百一十周年》，北京：文史资料出版社，1984年，第289页、290页。

[③] 内容详见附录一。

[④] 张其华：《陈嘉庚在归来的岁月里》，北京：中央文献出版社，2003年，第117页。

陈嘉庚视察华侨博物院建筑工地（摄于陈嘉庚纪念馆）

华侨博物院在动荡时期被迫关闭，直至1982年2月才得以恢复开放。然而，随着时代的迅猛发展和社会的日新月异，华侨博物院昔日的光彩在岁月的长河中黯淡下来。为恢复往日风采，陈毅明制定了华侨博物院新的发展规划，充实了陈列内容，并且结合现代化的展示手段，将文物展品以及华侨历史做了系统的介绍，并且为华侨博物院的发展争取到了不少侨胞捐助。[①] 20世纪90年代，中国经济进入快速发展的轨道，民营企业如雨后春笋般涌现，"全民皆商"的风潮席卷社会。在这场经济大潮中，作为文化机构的华侨博物院也面临着"破墙开店"带来的巨大的冲击与挑战，然而，正是在这样的背景下，当时作为负责人的陈毅明，毅然决然地顶住了压力，坚守着陈嘉庚先生创办博物院的初衷与使命。她倾注了巨大的心血，为华侨博物院的持续发展保驾护航，使得这座文化瑰宝能够在时代变迁中保持其独特的魅力与价值。

---

① 《鹭风报》文章《我的选择，于心无愧——记毕生研究侨史宣传嘉庚精神的陈毅明》。

我记得当时李尚大来到华侨博物院，一看，感到很失望，对集美也很失望。他当时说他很伤心，看到校主陈嘉庚创办的集美学村已经变成了"商"村，听不到读书声，只有港台音乐和卡拉OK声，他非常痛心，看着华侨博物院已经成了一个破落庭院，校主当年创办的教育竟然变成了这个样子。他和我说："陈毅明，你是校主的学生，你不想想办法吗？你的责任在哪里啊。"刚开始我还有点莫名其妙，不过想想也是，原来我读书的集美学校不是这样的，我感觉我最幸福的时光就在那里，现在真的是变了，到处都是摆摊的商贩。

我认为陈嘉庚创办的华侨博物院是一个文化单位、教育单位，是社会教育的一种设施。这个社会分工是社会的进步和文明，当年的全民皆工、全民皆农都有缺陷。现在为什么一定要全民皆商呢？我作为负责人成为"经理"，展厅的工作人员成为"商店服务员"，我不相信华侨博物院已经走到了绝路。后来我得到了时任厦门市计委社会发展计划处处长徐模的支持，当时他联络我们，我和他说："徐处长，我现在感觉到压力蛮大的，一直要我破墙。我想把三楼的自然标本拿到楼下来，连着围墙做成一个自然博物长廊，让中小学生可以参观。"他说："到处破墙是不对的，这样你的庭院是小了，而不是大了。"现在央视的主持人陈伟鸿当时是厦门一中的英语老师，还是厦门电视台的兼职主持人，当时他刚下课，身上都是粉笔灰，外面套了一个西装就过来采访我了。我就把我的观点说了，结果这个采访传到了海外，李尚大和我说，陈毅明你做得对，不是要破墙开店，而是要发展。

穿针引线　助力集美大学组建

20世纪90年代，集美学村亦受到了商业浪潮的强烈冲击，摆摊的商贩如潮水般涌现，昔日的学术氛围与宁静学习环境被逐渐侵蚀。这一变化令集美校友与海外华侨深感痛心，他们渴望恢复学村往日的学风与风貌。1992年8月，由诺贝尔奖获得者李远哲及陈共存、陈由豪、林子勤等全球知名人士在香港成立了"陈嘉庚国际学会"，进而开始筹划集美大学的组建。在这个过程中，陈毅明起到"穿针引线"的作用，她执笔起草了《陈嘉庚国际学会建议筹办集美大学公启》①，还以福建省人大代表的身份，多次与省、市领导进行深入的交流，分享信息，探讨集美大学组建的各项事宜；陪同李

《陈嘉庚国际学会建议筹办集美大学公启》（由陈毅明提供）

---

① 详见附录二。

尚大、林子勤等陈嘉庚国际学会的核心成员，与福建省及厦门市领导会面，共同商讨集美大学组建的具体细节与方案。

当时李尚大告诉我，既然是要维护和发展陈嘉庚的教育理念，就应该是直接汇聚到华侨博物院和集美学村。当时有一个人叫黄猷，他和李尚大他们都是老交情，对我也很好。他和我说，我们要想想办法，改变集美学村的面貌。后来我们找到了集美中学的一位老校长，叫吴玉液，就我们三个人。实际上基本观点是黄猷和吴玉液提供的，我主要是执笔的。在动笔之前我们找了很多人讨论，包括贾庆林、陈明义等。我们讨论如何把集美学村里"商"的风气改换成"学"。黄猷当时提点了一下，他说，能不能学习牛津剑桥的模式，把集美区原来学村的整个范围划入集美学村来进行管理，用大学作为一个独立的行政单位。当时这个想法争议挺大的，民盟那边也提了一个方案。后来在省政协人大开会的时候，市长就提了这个方案，得到了批准。学校的性质变成了省办，其实现在想来也不奇怪。说句实话，吸引外资来办大学，时机确实是不成熟，我们当时也不懂这些，就是一厢情愿，想要把"商"的风气改掉，恢复原有的学风。总而言之，我在集美大学筹建的过程中大概就是起到这样的作用，就是和他们讨论交流。

陈嘉庚办教育就是为国家培养人才

在潜心研究"嘉庚精神"的过程中，陈毅明认为"时代造就了'华侨旗帜，民族光辉'的陈嘉庚，他是'华侨时代'的杰出代表人物，是空前的，也是绝后的。"①2024年是陈嘉庚150周年诞辰，对于他所留下的教育精神和遗产，陈毅明有着深刻的看法：

集美学村作为历史文化遗产，它本身的内容就很丰富。当然，在这里面，建筑是一种形象的东西，但是在集美学村里更主要的是教育。对于陈嘉庚，大家在宣传的时候都会想到"爱国""忠公"这些精神，但是这些精神许多人也有，比如爱国主义，华侨当中也有很多人有爱国主义，包括我们也有爱国主义和诚毅的精神。那么陈嘉庚的特别之处究竟在哪里？我想，就是这14个字："教育为立国之本，兴学乃国民天职"。一个是教育，另一个是国民天职。陈嘉庚办的教育，从幼儿园到大学，到配套的一系列设施，包括民众教育、社会教育，在集美全都有。他办学的目的就是为国家培养人才，就是要兴国、强国，这跟现在许多人积德从善是不一样的。他要办的是一整套的教育，规模很大，有一个很长远的计划。他已经离世这么久了，但是他的教育事业还在发展，这是他之前就计划好的。李尚大经常说一句话，他说我们以前看中山路，觉得它很宽很长，但是现在看就觉得很短；看陈嘉庚校主办的集美学校，当年觉得很大，现在也还是很大。在这些建筑物里，蕴含着陈嘉庚的教育思想、文化理念。从教育方面来讲，在集美学村里，不只是学校有教育配套，社会上也有，鳌园是最典型的，被誉为"露天石雕的百科全书博物馆"。

之前集美大学有一篇文章，里面提到，从1913年到1949年，集美学校培养出来的学生分布很广，其中包括东南亚的一些国家，比如斯里兰卡、印度尼西亚、泰国、越南、缅甸、马来西亚等。过去有统计，在中国的港口，船长、大副有好多是从集美航海学校毕

---

① 《鹭风报》文章《知道陈嘉庚以后》。

业的，有一句话是这么说的，"有港口的地方就有集美航海学校"。如集美农校的庄纾，以及在东南亚许多小学的校长、老师也是集美的毕业生。在马来西亚，有人编了一本资料，内容说的就是华人在马来西亚办学校的原因，有70%是受陈嘉庚的影响。

《百家讲坛》上 含泪讲述华侨情

2007年5月5日至6日，陈毅明登上了《百家讲坛》的舞台。本次节目录制，陈毅明作为主讲人，深情讲述了她心中的陈嘉庚。在节目中，陈毅明详细地讲述了陈嘉庚为祖国和家乡所作出的杰出贡献。她特别提及了1939年陈嘉庚为祖国抗战号召南侨机工回国支援的英勇事迹以及陈嘉庚在1940年回国慰劳的情形，讲到动情之处，陈毅明不禁潸然泪下，令人动容。节目播出后，获得了国内观众的一致赞誉，陈嘉庚与南侨机工的历史也因此被更多人了解和关注。

我是被临时喊去录制《百家讲坛》的。我去录制的原因，一个是我确实被陈嘉庚的精神感动，另一个更重要的原因，就是被南侨机工的爱国的激情和他们所面对的坎坷深深触动，在当时的情况下，他们的工作和命运真的是太不容易了。我们现在有个词叫作"勇赴国难"，"赴"的意思是去、前往，实际上原来这个字是"赋予"的这个"赋"，意思就是我把我的一生都交给了国难。这两个字是有区别的。"赴"字带有点被动的意思，而"赋"字则是主动献出。我录制完《百家讲坛》后，在节目播出的时候，节目组把我的身份给改了，我不是嘉宾，而是主讲人。在节目播出的几天之后，中央电视台整个剧组跑到厦门来找我，和我说他们很受感动。在这之前，他们不知道陈嘉庚，也不知道陈嘉庚当时号召的这批南侨机工是如此感人。

抗日战争期间，国内与国际联系的交通线多数被日军封锁，进口货物主要依靠香港、安南（今越南）两条通道。1938年年底，广州沦陷，香港通道受阻，积存在香港的两万余吨军火，大部分移往缅甸仰光，由新开通的滇缅公路运入国内。滇缅公路于1938年8月底开通，成为当时抗战中唯一的一条军运"生命线"。由于蜿蜒崎岖，地势险恶，运送物资需要熟练掌握驾驶技术的司机，彼时国内汽车较少，汽车驾驶员和机修人员不足。然而军用物资至关重要，刻不容缓，为此国民政府军事委员会西南运输处主任宋子良致电陈嘉庚，委托他在南洋招募华侨机工回国支援。

遭受轰炸的滇缅公路，摄于南侨机工历史文化纪念馆

1939年2月7日，陈嘉庚发布《南洋华侨筹赈祖国难民总会第六号通告——征募汽车修机驶机人员回国服务》[1]，通告一出，一呼百应，3200多名南洋华侨青年司机和修理工响应号召，怀揣着"要争求生存，便要吃苦，要奋斗，要挣扎，要接触民众百年来所受的侮辱与痛苦，要拯救民族于水深火热中，要完成建设新国家的希望"[2]的崇高思想和坚定决心，毅然回到硝烟弥漫的祖国。这些南侨机工怀着一腔热血，为了祖国的抗战事业，不惜远赴他乡，甚至牺牲自己的生命。他们在抗日运输线滇缅公路上，战胜无数艰难困苦，任劳任怨，勇往直前，流血牺牲，从缅甸运载军事物资进入大后方，为抗日战争的胜利作出了巨大的贡献。

---

[1] 详见附录三。
[2] 出自《华侨机工通讯刊》，内容详见附录四。

附录一

倡办华侨博物院缘起

　　博物院是文化教育机构的一种，与图书馆、学校等同样重要，而施教的范围更加广阔。学校为学生而设，图书馆为知识分子而设。博物馆的对象不限于学生或知识分子，一般市民，无论男女老幼，文野雅俗，一入其门都可直观获得必需的常识。这是因为它是用形象来表达内容，不假文字间接传达，所以一般人民参观了博物馆，见所未见，眼界大开；学校师生参观了博物馆，可由实物而与书本相印证，专门学者参观了博物馆，可接触书本以外新发现的事物，有助于更深入地研究。

　　博物馆的效用这样宏大，故社会主义国家非常重视。俄国十月革命后，添设很多的博物馆，资本主义国家如英美法日等国，以及各国殖民地设立博物馆的也不少。我国在解放前只有极少数小型博物馆。华侨在国外常见博物馆，回到国内却不多见，对祖国难免产生相形见绌之感，这是很可喜慰的事。我认为祖国社会主义建设是人民应尽的责任。我是华侨，很希望侨胞们也来尽一部分责任。因此，我建议华侨设立一所大规模的博物馆。馆址可设在华侨故乡出入国的港口，既可供国内人民公用，又可给归国华侨观览。两者皆受其益。

　　至于名称，我拟为华侨博物院。因为它是华侨设立的，故应以华侨为名，不冠以厦门地名，以区别于地方设立的性质。因为一是华侨热爱祖国文物不限于一地；二是配合教学研究的机构原是全国性的；三是它负有介绍南洋的责任，必须陈列很多南洋文物，以供国内人民了解南洋情况，故其内容不但是全国性，而且是世界性的；四是华侨全国各地都有，不限于厦门一隅。这些都是命名采取全国性的理由。

至于不称"馆"而称"院"，则是因为它的组织较大，是由几个博物馆构成的。故以博物院为总称，以区别于内部的分馆。

华侨博物院内部的机构暂拟为四馆：

第一是人类（历史）博物馆，陈列古代历史文物和现代民族标本等。

第二是自然博物馆，陈列动物、植物、地质、生理卫生等标本。

第三是华侨和南洋博物馆，陈列南洋各国历史、地理、经济、政治以及华侨情况等文物、模型、图表。

第四是工农业博物馆，陈列祖国革命及新建设的实物、模型、图表等。

其他博物馆得依需要及条件许可，依次增设。

我国政府宣布发展博物馆事业，是为科学研究和为广大人民群众服务。华侨博物院的效用可作以下分析：第一是日日开放，给一般人民参观，有利于社会教育；第二是协助厦门大学教学研究，并供其他学校和学术机关的参考；第三是配合南洋研究所工作，有助于对华侨情况的了解；第四是供给回国华侨参观并协助华侨文教事业的进展；第五是协助学者从事其他科学研究。

建设华侨博物院的步骤，首先由厦门市人民委员会拨厦港蜂巢山附近一大片空地面积九十七市亩；其次先建第一座楼屋面积三千平方公尺；材料白石红砖，内部钢筋混凝土，拟在1957年春季前后完成。

现在此事已征得各方有关部门的同意，并已筹得部分华侨捐献。第一座馆舍已于本年九月初设立建筑部兴工建筑。

侨胞们！这是我们效力祖国建设的绝好机会。无论你们已回到国内，还是在海外，应该各本各人的力量，肩负起责任来帮助祖国做好这一建设，或把珍贵的陈列品，以及有关公私纪念的文物捐献出来，以丰富本博物院的内容，无任欢迎之至。

陈嘉庚 启

1956年9月20日

附录二

陈嘉庚国际学会建议筹办集美大学公启

我会自创立以来,即以维护、发展陈嘉庚先生手创教育事业作为弘扬陈嘉庚精神的一项具体任务。今年3月24—29日,本会董事会在厦门成立的同时,经与福建省及厦门市当局及海内外热心人士深入探讨,初步取得一致意见,认为筹办集美大学条件已经成熟。现将我们的设想阐述于下,敬祈垂注,并赐予支持与协助。

一

陈嘉庚先生认为,"教育为立国之本,兴学乃国民天职"。他倾注毕生的精力与财力,兴学育才。他在家乡集美,自1913年创办小学起,至1927年,办有男女小学、男子师范及中学、女子中学,和水产航海、商业、农林、幼稚师范各职业学校与国民专门,共九校,并设幼稚园、医院、图书馆、科学馆、美术馆、教育推广部,统称集美学校。

1949年以来,集美学校经过调整与发展,已先后成立了五所高等学校,即厦门水产学院(属国务院农业部)、集美航海专科学院(属国务院交通部)、福建体育学院(属福建省体育运动委员会)、集美财经专科学院(属福建省财政厅)和集美师范专科学校(属厦门市教育委员会),集美已成为高校密集的学村。随着中国的改革开放，集美各校的国际学术交流活动不断增多，在海内外的影响不断扩大。在这个基础上再上一层楼，筹建一所综合性的集美大学条件已经成熟。

这样做，完全符合邓小平先生关于提高人民的素质，使人变成财富的思想，更是继承陈嘉庚先生遗愿，在国际上树立中华文化光辉形象的一个盛举。

二

集美学校所在地，在历史上久已形成一个集美学村。1923年，南北各派系军阀在闽南混战。集美学校被扰乱，学生遭枪杀。师生奋起请愿，陈嘉庚先生在新加坡与中华总商会会长林义顺先生联函、联电，促请各方退兵，划定集美学校为永久和平学村，予以保护。这一呼吁得到社会各界的热烈响应，经孙中山大元帅大本营内政部批准和南北各派系的承认，"集美学村"由此成立。

但是，历年来由于隶属和管理体制多次变动，目前集美学村实质上已成为一般的行政建制，并受到多方面的冲击。各单位争地为界，商贩占道设市，秩序混乱，环境恶化，不少具有历史意义的校舍年久失修，成为危房。在陈嘉庚先生原已设想而尚未开发的北面地段，出现台资开发区。不少前往参观的海内外人士惊叹，蜚声中外的集美学村已名实不符，面目全非，集美学校数万校友更为此而痛心疾首！

为此，我们认为，在筹建集美大学的同时，应请求政府成立集美学村的单独建制，根据原有范围和今后发展需要，重新划定学村管理区的界线。我们还认为,将集美学村置于集美大学的管理之下,使学村内的各级学校,能随着大学的发展而发展。这将特别有利于形成一个传播中华文化的完整的教育体系。在这里还应该说明,历史上集美学村曾经是一个单独的行政建制,集美学校董事会(简称"校董会")长期被授权统一管理过各学校和集美学村范围内的居民点。

三

  我们恳切呼吁,各地厦大、集美校友会和我们共同努力,首先是尽快成立"筹办集美大学促进会",并积极准备成立"集美大学基金会"。我们呼吁,中国政府,福建省及厦门市当局,中国各级、各有关部门领导,以及海外重视和认同于中华文化、热心弘扬陈嘉庚精神的社会各界人士,给我们以道义上和实际上的支持。

  谨此公启。

陈嘉庚国际学会

1993 年 4 月 30 日

附录三

南洋华侨筹赈祖国难民总会第六号通告
——征募汽车修机驶机人员回国服务

为通告事，本总会顷接祖国电，委征募汽车之修机人员及司机人员回国服务（修机者按数十人），凡吾侨具有此技能之一，志愿回国以尽其国民天职者，可向各处华侨筹赈会或分支各会接洽，并注意下列各条方可：

（一）熟悉驾驶技术，有当地政府准证，粗识文字、体魄健全，无不良嗜好（尤其不嗜酒者），年龄在四十以下二十以上者。

（二）薪金每月国币三十元，均由下船之日算起，如驶机及修机兼长者，可以酌加，须在工作时，审其技术而定。

（三）国内服务之地，均在云南昆明，或广西龙州等处，概由安南入口，旅费则由各地筹赈会发给。

（四）凡应征者，须有该地妥人或商店介绍，知其确具有爱国志愿者方合。

（五）本总会经函达各地筹赈会负责征募，各筹赈会如经征取考验合格者，计有若干人数，须即列报本总会，至应募者前往安南路程，如能由所在地筹赈会办妥手续，直接出发固妙，否则可由本总会设法办理。

事关祖国复兴大业，迫切需要，望各地侨领侨胞，深切注意办理是要，此布。

中华民国廿八年二月七日

附录四

一封信
（载于《华侨机工通讯刊》第13期）

华侨学生　王大护

亲爱的同志们：

　　滇缅公路担负起军运的伟大工作。我们生活在峻险的高巅上，荒僻的山林间，零落的乡村上，瘴气像毒蛇般地侵害我们。崎岖的山路上，车辆三五成群地驰骋着，或是孤独地奔驰着。这样工作，或许一般人觉得是无限的痛苦，然而，亲爱的同志们，负担艰苦的工作，正是我们回国的目的，我们要争求生存，便要吃苦，要奋斗，要挣扎，要接触民众百年来所受的侮辱与痛苦，要拯救民族于水深火热中，要完成建设新国家的希望，我们难道忍心规避这个抗战建国的重任吗？无论什么时候，我们都不会忘记族居异国所受的侮蔑和痛苦啊！

　　"九一八"敌人占去了我们东北辽阔的土地，"一·二八"敌人摧毁我们繁华的上海。"七七"以后，蹂躏了我们的多少国土，残杀了我们多少同胞，奸淫我们多少妇女，掠夺了多少财产……一串串的血债，都是法西斯的日本刽子手所加在我们中华民族身上的！我们难道不想报复吗？难道不想自救吗？难道让我们祖宗传下的光荣历史毁灭吗？让我们的无辜子孙为奴隶吗？这，我相信大家都不愿意的，都会举起拳头，高呼："我们要奋斗！我们要自救！"我们奔驰在崎岖峻险的滇缅道上，是自救呀！我们要从敌人手里抢回中华民族的性命，抢回祖宗传下给我们的广大土地！

　　同学们，努力吧！胜利的火焰，已在前面高高地燃起了。

二十九年二月于芷市灯下

我们是国家的主人　要为国家做事

陈忠信　口述

陈忠信

陈忠信，1954年出生于集美大社，陈嘉庚侄孙，其父是陈仁杰。20世纪50年代，陈嘉庚回到家乡集美定居，并开始了对集美学村的建设。陈忠信的父亲陈仁杰当时任集美学校建筑部副主任，在陈嘉庚的教诲和带领下，为集美学村的建设付出了很大的努力。

陈忠信童年时期经常见到陈嘉庚，嘉庚先生的教诲也影响了陈忠信的一生。陈忠信工作生活在集美，在企业工作长达 17 年，又先后任集美学校委员会副主任、集美区副区长、集美区政协副主席、集美学校委员会常务副主任等职。在此期间，为"嘉庚精神"的传承做了诸多工作。

嘉庚建筑背后的故事

1. 一遍遍考试，尽心培养族亲

因为陈忠信的父亲陈仁杰曾任集美学校建筑部主任，陈忠信对集美学村的嘉庚建筑也如数家珍。当时，即便是嘉庚先生的侄子、陈忠信的父亲陈仁杰，也需要经过锻炼和考察，才能当上建筑部主任。陈忠信说：

1937年抗日战争（全面）爆发，我父亲从厦门岛内逃到现在海沧的新垵避难，在那边待了14年。当时是投靠我祖母的娘家，那时候我祖母和父亲非常困难、非常苦，因为我爷爷身体不好，1938年就过世了。我祖母和父亲两个人相依为命，我父亲从小就当长工，过得非常艰苦。1950年，陈嘉庚回到集美定居，他知道我父亲和我的祖母在新垵，就接他们回到了自己的家乡集美。回到集美，就给我的父亲安排工作，当时集美学村正在进行大建设，嘉庚先生就安排我父亲先当小工，搬砖头、扛石头。他会去现场看我父亲会不会偷懒、是不是能够吃苦，考察我父亲。

我父亲是做长工出身的，非常能吃苦，嘉庚先生观察了半年后，让我父亲做一个小队长，管理工地和运输队。在这个过程中，嘉庚先生也慢慢培养我父亲，在我父亲成为副主任的时候，嘉庚先生还会让他考试。比如，建筑材料怎么施工、怎么组织材料等都要考查和教导我父亲。

还有，我父亲原来不会珠算，嘉庚先生说给一个星期，请集美学校会计处的老会计辅导他学习珠算，一个礼拜之后，嘉庚先生让我父亲过去找他，嘉庚先生出题，他来计算，给我父亲考试。嘉庚先生是真心地培养我父亲，教导我父亲，所以我父亲才能一步步地胜任这份工作。他建筑的时候也要考试，内容有一堵墙面积多少，合起来是多少立方米，要用多少块砖头，这个砖柱多高多宽等。

2. 建筑里的行家里手，天天巡视工地

嘉庚先生不仅是集美学村的建筑规划师，同时他对建筑施工的整个过程也非常熟悉，嘉庚先生会天天去巡视工地，发现问题并及时解决问题。

嘉庚先生对建筑的工作做得很细，在施工前他会去看，提出该怎么平整，长度、宽度、地基挖多宽多深。挖完地基之后也要去看，因为地质好不好跟地基关系很大，挖了多深，需要多少的基石，都要计算。在建筑每个环节，嘉庚先生都很认真，什么时间做什么样的事情，一步步来，这样整个工地才不会乱。

夏天的时候，嘉庚先生早上6点半就去巡视工地，看工人怎么施工，施工员怎么管理，现场怎么负责材料的组织，在房子盖起来的过程中，有些砖头是半块的，要怎么节省，怎么使用，他都非常仔细。他说该花的钱几千几万都要花，不该花的钱一分都不要花，

那时候他既要求施工质量要好，又不能浪费。而且嘉庚先生当时会计算好楼要盖多高，整个材料要多少，每平方米的造价是多少，他算得很仔细，而且也很准确。一般来说，楼盖好之后，花费的钱与预算差不多。

比如，维修延平楼的时候，总建筑面积3200多平方米，当时每平方米的造价大概都不到40块，黎明楼是新建的，造价是每平方米48块。当时最高的楼南薰楼，总的建筑面积不到8100平方米，共15层，高54米，每平方米的造价是75块钱，嘉庚先生每栋楼都算得很仔细。而且，每周六工人会提前一小时放工，放工以后，房前屋后的卫生要打扫。既要搞建设，村里面的各种工作也要兼顾。嘉庚先生非常地细致，有时候他看到有些小事做不好会提出来，他觉得小事做不好，会影响大局。比如工地组织混乱，那是不行的，会影响整个进程。嘉庚先生到工地去视察从不坐车，一律走路，走到哪里看到哪里，这样才能看到工人是怎么做的。

3. 爱惜人才，敢于创新

嘉庚建筑中，很多的中国传统文化和闽南元素，比如燕尾脊、卷草、龙纹脊身、盔顶、灰塑……这些都需要能工巧匠的精雕细琢。也正是如此，嘉庚先生对工匠也颇为重视。

当时建筑部分施工队、石匠、泥水匠、木工匠，等等。嘉庚建筑这么具有代表性，也与嘉庚先生当时请来了很厉害的工匠有关。我记得一位叫蒋丙丁、一位叫林江淮，还有一个王金师。我查了档案馆后知道，在（20世纪）50年代的时候，蒋丙丁一个月的工资是120元，林江淮一个月的工资是100元，王金师一个月的工资是

90块。陈嘉庚很爱才,做得好,待遇就给得很好,当时一个普通的工人一个月的工资是21块钱,一些做得好的工匠的工资就有100多块,是普通工人的好几倍。

从1950年启土兴工到1963年道南楼最后竣工,集美学村的嘉庚建筑迈向了一个新的发展时期。在14年的发展中,总建筑面积达到了17万平方米,建筑费用达1050万元,除政府拨款外,陈嘉庚筹捐资金575万元,并亲自主导了全部重要建筑物的设计和施工,包括南侨楼群、克让楼、福南大礼堂、图书馆、体育馆、新诵诗楼、黎明楼、福东楼、海通楼、航海俱乐部、南薰楼,以及鳌园、命世亭和龙舟池亭等。[①]

龙舟池

---

① 庄景辉、贺春旎:《集美学校嘉庚建筑》,北京:文物出版社,2013年,第2页。

20世纪80年代初，我国著名古建筑园林艺术学家陈从周教授也曾著文盛赞，嘉庚建筑"在近代建筑史上有其不可磨灭的地位，今后要作为宝贵文物来保护"。如今，集美学村以允恭楼群、南薰楼群、南侨楼群和葆真堂为主体的"嘉庚建筑"，被国务院列为全国重点文物保护单位。2016年，嘉庚建筑入选中国文物学会和中国建筑学会联合公布的"首批中国20世纪建筑遗产"名录。

嘉庚先生对建筑和整个集美学村的规划都非常有前瞻性，而且不断地创新，解决了当时建造过程中的诸多难题。

20世纪50年代，集美主要有两位工程师，一位是"土"工程师，叫杨护法，他是一名木匠，没怎么上过学，但是对设计很在行。嘉庚先生说完建筑的结构规划以后，杨护法跟另一个科班出身的林文龙（泉州大学土木专业）画出建筑图纸。当时嘉庚先生怎么说，立面、平面怎么设计，内部怎么布置，他们就根据实际情况怎么画。

嘉庚先生也经常听取工程师的意见。像龙舟池前面的道南楼，原来是打算建10层，有100个教室，后面建了7层。因为西面的地基不太好，所以1959年开工，东半部先完工，西半部到1963年才完工。这栋楼非常漂亮，像南面的立面有石头雕刻的花纹，楼梯廊道的天花板有非常美的泥塑和泥雕，整个墙体非常厚，有50多厘米，这栋楼建设起来，每平方米的成本大概是150多块。

当时嘉庚先生把学村进行统一规划，集美学村绘制了草稿图，第一份是1955年的，第二份是1957年的，嘉庚先生按照这个规划，把学校放在最好的地段上，另外他考虑的还有综合的配套。比如南薰楼，第一是作为教学用的教室；第二是在楼顶上设计灯塔，当时他考虑的是要有一个灯光、一个标志，方便商船、渔船进港；第三是他觉得若干年以后旅游事业发展了，游客还可以上楼去观光。一栋楼设计之初就考虑到它的用途，嘉庚先生考虑得还是比较长远的。

还有福南大礼堂的建设是为了丰富集美学校的文化生活，大礼堂落成以后，1955年开始可以放电影。像鳌园的建设，是1951年农历八月初二动工兴建的。但是嘉庚先生1950年回来的时候就在设想怎么建一个博物馆，让集美学校的学生和村民在这里就能了解到很多知识。他还考虑到以后可以作为一个旅游景点，让游客来到这里，也可以学到很多的知识。

确实如此，现在的南薰楼是集美的标志性建筑，来集美的游客都能够感受到嘉庚建筑的魅力。鳌园更是如嘉庚先生规划的一样，是一座露天博物馆，其中精美的石雕堪称福建闽南石雕的巅峰之作。它有中国现代最精美的石雕群，数量达到600多幅，内容涵盖人文历史、政治经济、社会文明、文化教育等，还有大量书法楹联石刻，雕刻技法主要有浮雕、圆雕、沉雕、线雕、影雕等，形象逼真、惟妙惟肖。在鳌园中央，坐落着鳌园的主体建筑——集美解放纪念碑，纪念碑碑高28米，象征中国共产党1921年成立至1949年中华人民共和国成立走过的28年的奋斗史。整个纪念碑用花岗岩建成，碑身正面是毛泽东手书"集美解放纪念碑"七个大字，这七个大字是1952年5月16日毛泽东主席应陈嘉庚先生所邀而写的，纪念碑的背面是陈嘉庚先生亲手撰写的碑文。

集美鳌园

集美解放纪念碑

在大量投入建设的过程中，嘉庚先生还要解决人才、工人、材料等诸多问题。他从惠安等地招聘了大量的建筑工人，在龙海的石码镇设立砖瓦厂，在集美工地办壳灰厂，在花岗岩产地海沧吴冠、后溪沙美等地办多家石料厂。他亲自筹措外汇，申请部分钢材、水泥和小五金等材料的进口……这些工作背后都是为了解决建筑过程中的问题。

比如南薰楼，是1957年动工，当时建筑材料非常缺乏，嘉庚先生说可以用竹片代替钢筋。南薰楼1~6层的楼板，一平方米只有一条钢筋，其他的用竹片代替，嘉庚先生说要想办法去解决钢筋问题。南薰楼每立方米使用的水泥是70公斤左右，嘉庚先生在建这些房子的时候，说到我们现在用这种方式建这些楼，起码可以用到四五十年。四五十年以后，国家有钱了，到时候再翻建。

既慈祥又严格　既节俭又大方的陈嘉庚

陈忠信童年经常可以见到陈嘉庚，在他的眼里，陈嘉庚是一位慈祥的爷爷。"嘉庚先生给我的印象是非常地慈祥，我小的时候陪我祖母去看他，他除了教导我要好好读书，要成为国家的栋梁，还会给我零食，我跟他说'伯公伯公我想吃榴梿糕'，他都会给我。"

但是，陈嘉庚对自己的子女却非常严格，子女也对这位"严父"充满了敬畏。

1958年，嘉庚先生的第八个儿子陈国怀带着孙子陈联辉回国照顾陈嘉庚。陈嘉庚就说："你们回来干吗，我在这边吃饭、生活作息都有人管，不需要你们照顾。"陈国怀都不敢回话。他们回来之后住在现在陈嘉庚故居东面的阁楼上，吃饭也跟嘉庚先生在一起，嘉庚先生很严肃，他们不敢吃太快也不敢吃太多，结果就吃不饱。他们吃完就赶紧离开，然后跑到我们家，一到我们家，就问还有没有饭，在我们家再吃一顿才能吃饱。嘉庚先生对子女真的很严肃，对孙子态度会好一些。

而且陈国怀回到集美后，陈嘉庚在遗嘱中交代其生活费应"按家庭人口计算，每人每月给付 25 元。今后若有亲子孙回来，均按此例给付，但如有支领学校工资的应抵扣"[①]。规定一个孙儿回国求学，每月补贴学费 30 元，直到停学为止。到了 1961 年他在抄给二儿子陈厥祥的遗嘱中，对家费也是这样规定，写上"我亲血脉子孙如回家无职业，男子老幼每人每月供给生活费 20 元，如有职业，不得支取；女子每人每月供给生活费 15 元，如有职业或出嫁，不得支取"，"每人如逢结婚或丧事，各给费用 200 元"等。[②]

陈嘉庚个人生活是非常节俭朴素的。他说："虽为社会守财，无为之费一文宜惜，正当之消千金慷慨。"他一生用钱的座右铭是："该花的钱，千万百万都不能吝惜；不该花的，一分钱也不能浪费。"

在陈忠信眼中，嘉庚先生不仅自己节俭，也要求身边的人节俭。

有一次他用过的雨伞上面的布破了，他就拿来让我母亲补，结果我母亲不会补，他又请别人补，现在那把伞还在陈嘉庚故居。有一次他把自己破了一个窟窿的衬衣给我父亲穿，第二天他就问我父亲怎么没穿，是不是嫌弃不好。我父亲说还没缝补。过两天补完

---

① 陈嘉庚 1958 年第二份遗嘱。
② 《陈嘉庚书信卷》。

了我父亲穿着过去，嘉庚先生看到了就说，这样很好。他自己也不是很讲究，当时他女婿李光前建的国光中学也是这边的建筑队在施工，他去工地视察，到了吃饭时间，他就在路边找个挑担子卖饭的，坐在路边随便吃一下。他个人的着装，除了参加会议会穿得比较正式，平时都穿得很朴素。秋冬的时候，基本上会穿个马褂。在故居里面，卫生间有两套脸盆，在家里用旧的，带出去的就是搪瓷的，比较新的。

作为嘉庚先生的侄孙，陈忠信了解到的还有嘉庚先生的大方。

我们这一代，家里有7个兄弟姐妹，陈嘉庚说你们读书不能申请助学金，这个钱是要给大家的，不能给自己人，我们不参与，会更公平。但是他自己额外每年给我父亲200块钱，供我们读书用。而且他每个季度从自己工资里面拿100块钱给我的祖母，他对我们家是非常照顾的。海外亲戚送给他的西洋参、高丽参、燕窝他都会给我祖母和家人分享。

受嘉庚先生的影响，陈忠信的父亲陈仁杰也将嘉庚先生送给他们的"高档"东西分给工地的工友们。

有时候工地的工人受伤了，我父亲就切几片高丽参，让工人含在口里补身体。困难时期，我们这边的物资很缺乏，海外的亲人寄了面粉、奶粉过来，我父亲也拿到工地上去。在工地烧一大锅水，将一罐奶粉倒下去，泡一锅的奶粉。当时大家营养都很缺乏，工地上干的都是重活儿，吃不饱哪里有力气扛石头。当时就一杯牛奶、一个馒头，当作点心分给大家。嘉庚先生照顾我们，我老爸也要去照顾施工队的人，这样大家才会拧成一股绳，在工作中也会更加卖力。

看似严肃到不近人情的陈嘉庚有很多让人感到"温情"的一面，他会将自己院子里龙眼树上的龙眼做成龙眼干送给当时中国侨联的同事们。

当时嘉庚先生故居的花园里面有一棵龙眼树，龙眼成熟的季节，他就叫我们一起过来摘龙眼、晒龙眼干。晒成之后，包成一包一包的，送给北京中国侨联的同事们。1959年8月23日，也就是"八·二三"台风的时候，我们家屋顶晒了很多龙眼干。也不知道凌晨几点，父母把我推醒，他们跑到楼顶收龙眼干，他们负责从楼上收，我负责倒，那一次我记忆特别深刻，当时我才5岁左右，簸箕都有点儿拿不动，而且那次的风特别大，集美也受到了重创。

做国家的主人　认真做事不给长辈抹黑

虽然与嘉庚先生接触的时候，陈忠信还是个小孩，但"嘉庚精神"却影响了他的一生。

嘉庚先生跟我祖母的交谈，还教育我父亲。他说我们是中国人，我们是国家的主人，国家的主人就要为国家做事。嘉庚先生主人翁的意识贯穿了他的一生，为了国家的富强和民族的复兴，嘉庚先生贡献毕生了精力。嘉庚先生把朴素的道理讲给我们听。1940年，陈嘉庚决定组织并亲率"南洋华侨回国慰劳考察团"回国考察。在国民党统治区，他看到了三个问题：第一，前方吃紧，后方紧吃，重庆过着灯红酒绿的奢靡生活；第二，去慰问抗战战士的时候，发现当时国民党抓壮丁，嘉庚先生很反感，他认为应该动员老百姓，而不是抓，抓来的壮丁上战场，枪声一响，很容易当逃兵，逃兵又很容易影响军心；第三，发现商店里面有卖日本货，他在海外带领华侨抵制日货，而国内却在卖日货，他心里很不舒服。

到了延安之后，嘉庚先生看到中共的领导人非常简朴，在杨家岭与毛主席见面，毛主席只请他吃了简单的一顿饭。还有朱德总司令跟他一起去看表演，当时坐的是长板凳，就两个人坐在一起。后面来了一个士兵，看到朱德总司令这边就坐了两个人，于是就坐在了朱德总司令旁边，朱德总司令就往嘉庚先生这边又靠拢了一点儿。他看到这一幕心里很舒服，他认为这是官兵平等。嘉庚先生在延安街面上走访的时候，发现商业繁华，政府不与民争利，老百姓更是夜不闭户。看到这些，嘉庚先生觉得共产党是为人民服务的，这与嘉庚先生倡导的不谋而合。后来陈嘉庚得出"中国的希望在延安"的结论，毛主席也称陈嘉庚是"华侨旗帜 民族光辉"。

作为家族的一员，陈忠信也把"做国家的主人，认真做事"作为自己的行为准则。

工作当中，我们第一个不能给嘉庚先生的脸抹黑。我在长期工作中，对自己的要求就是要认真做事。1971年到1976年，我在杏林的化肥厂工作，当时我虽是合同制临时工，但也要好好工作，1975年的时候我就被评为化工局的优秀团员、全市的三好青年。1985年我在集美的印刷厂工作，被评为厦门市劳动模范，在印刷厂我从普工做到厂长。我们要认真工作，不能给我们的长辈脸上抹黑，我们做事、处世、为人都要求自己这么去做。比如组织龙舟赛，从1992年开始到 2014 年，我参与组织了 20 来届的龙舟赛，在筹备过程中要非常仔细，赛事准备、安全保卫、运动员的组织……事情非常多，当时我自己制定了一个活动的规范。我们要把活动中的问题记下来，每做完一次都要总结，我主持做了 20 来届，没有出现任何问题。

不仅是工作上认真勤恳，陈忠信还深受嘉庚先生"要好好读书"的影响，不断地充实自己。

我有机会就继续读书，去进修，活到老、学到老。嘉庚先生办了很多学校，是为了给国家培养人才，我们自己更要持续努力学习，不然就会跟不上形势。我们受嘉庚先生的教诲，要给自己压力，不管是学习还是工作，都要认真努力做事。我现在还在做陈嘉庚教育基金会的工作，这项工作要去学校走访，鼓励学生好好读书，在这个过程中也要思考怎么把集美的学校办得更好。

嘉庚教育遗产申遗　应注重嘉庚建筑

谈到嘉庚教育遗产申遗，陈忠信认为嘉庚建筑所承载的文化是非常厚重的，也非常有自己的特色。

集美的嘉庚建筑分年代，不同的年代有不同的特色。在 1916 年以前，陈嘉庚是在新加坡请荷兰的工程师设计的，在这之前的建筑，南洋的建筑元素比较多，很多建筑材料需要依靠进口，成本比较高。
1919 年至 1922 年，陈嘉庚回国，亲自管理学校的建筑工程。这个时期，嘉庚先生就考虑到就地取材，中式的元素应用就更多，用祖先传统的风格来美化我们学村的每一栋教学楼。

1950年以后，嘉庚先生回到集美定居，这个时期的西式建筑减少，中西合璧的建筑增加，尤其是龙舟池畔的黎明楼、道南楼等，飞檐翘脊的特点非常明显。嘉庚建筑将我们中国的建筑文化呈现出来，嘉庚建筑可以说是古为今用、洋为中用、中西合璧，把自己的爱国情怀体现在建筑上。嘉庚教育遗产申遗就要把建筑特色保护好、传承好，申遗启动后对建筑保护的责任、传承的责任更重了。

因为对祖辈和父辈共同参与建造的一砖一瓦饱含感情，陈忠信对嘉庚建筑的了解比他人更多一些。在陈忠信眼里，嘉庚先生是一个将自己毕生精力都奉献给国家的人，也是一位会记得给孙子榴梿糕的爷爷。

道南楼

乡音乡情　文化坚守

陈重山、陈瑞美　口述

陈瑞美（左）和陈重山（右）共同推开文化传承的大门

在集美大社戏台旁有一栋古朴小厝，它与集美大祠堂毗邻而立，曾是集美大社的"诰驿"，是古时为传递官府文书的人中途更换马匹、提供休息的驿站，据《厦门市集美区志》记载："祠堂前之照厝，由左右两间小房和中间的栅栏门构成，为清同治六年重修时所建，集美递铺曾设于此，故又称'诰驿'。"1913年，在陈嘉庚创办集美小学初始阶段，这里曾作为小学教室，在20世纪50年代初和

1984年的两次大修祖祠时都得到了维修[①]，如今，成为集美南乐社和浔美芗剧社的日常排练的研习中心，镌刻着"尺八天籁"的牌匾高挂于门前，苍劲有力。集美南乐社名誉会长陈重山和浔美芗剧社社长陈瑞美依旧坚守在这里，肩负传承非遗艺术和集美乡音的重任，为家乡的文化艺术事业默默耕耘，鞠躬尽瘁。

---

① 陈新杰:《集美学村大观》，合肥：时代出版传媒股份有限公司、黄山书社，2021年，第150页。

陈重山在采访时演唱南音

陈重山，1948年出生于集美大社，集美南乐社名誉会长。

14岁加入集美南乐社，曾担任多届南乐社社长，2021年被评为"集美区非物质文化遗产传承人"。

南乐社成立　颇受乡民欢迎

南音，又称"南乐""南曲"等，起源于福建泉州，是我国现存的最古老的乐种之一。表演时采用闽南方言进行演唱，闽南方言的语调柔和而富有韵律感，与南音悠扬婉转的唱腔相得益彰，节奏徐缓优美，为南音艺术增添了古朴与深厚的文化气息。在传统的演唱形式方面，讲究"四菜一汤"，即持有"上四管"[1]的四位乐师以及

---

[1] 上四管：即南音琵琶、洞箫、二弦和三弦。

一位持拍而歌的表演者，秉承了汉代相和歌"丝竹更相和，持节者歌"①的表演形式。流传千年的南音不仅是中华传统礼乐的瑰宝，演唱时运用的闽南乡音更成为海内外闽南同胞们情感共鸣的纽带。

爱国侨领陈嘉庚对南音尤为喜欢，为丰富大社乡亲的业余生活，1953年，他组织成立集美南乐社，并将祖祠的"诰驿"（大祠堂对面）作为南乐社的活动场所。②1956年，陈嘉庚将建造龙舟的木匠何师傅请来南乐社教授南音，在当时颇受乡民的追捧和喜爱。

当时这个集美南乐社是由陈嘉庚先生创办的，嘉庚先生想让我们大社中的人提高文化，想让乡亲们都认识一些文化。南乐社成立的时候，学生有60多个，包括小孩和中老年人。当时大社里面没有电视这些娱乐设施，所以学唱南音的人很多，很热闹。陈嘉庚还请了一个老师，在晚上教授南音，一教就教到晚上十一二点。

重视南乐社的陈嘉庚时常在重要场合安排南音表演。据时任陈嘉庚秘书的张其华回忆，南乐社在集美演出时，陈嘉庚会前往观看，并给予支持鼓励。1958年元旦，他与前来考察的庄希泉、庄明理、厦门市级领导等50人乘游艇前往厦门岛、鼓浪屿以及同安游览观光时，便安排了表演者在船上演唱南音。③除此之外，在陈嘉庚一手创办的龙舟赛上，也能看到南音表演的身影。

我们参加学校校庆的表演，在龙舟赛上也经常表演。我记得龙

---

① 出自《晋书·乐志》。
② 陈新杰：《集美学村大观》，合肥：时代出版传媒股份有限公司、黄山书社，2021年，第292页。
③ 张其华：《陈嘉庚在归来的岁月里》，北京：中央文献出版社，2003年，第162页。

舟赛当天，陈嘉庚在南辉亭上面观看，表演南音的师傅就坐在龙舟船上，绕着龙舟池演唱。陈嘉庚在的时候，南乐社是这样表演的，不过那个时候我还很小，没有参与。后来陈嘉庚不在了，划船唱南音这个环节就取消了，但是每年龙舟赛，我们南乐社都去表演，唱完才开始比赛划龙舟。

南音进校园　注入新活力

当时我担任社长，厦门一个记者采访我，问我南音以后应该如何传承下去，我跟他说，想让南音继续传承下去，就要在学校培养。所以后来，在集美的学校里就有开设南音培训班，已经持续好多年了，不过每周上课的时间比较短，一个星期大概有一个钟头的课，这样也不会影响到学生读书。有的时候，甚至还会请我到专业南乐团去教老师。

为了进一步弘扬传承南音文化，解决传统艺术人才断层的问题，在集美学校委员会、集美街道以及集美区文化和旅游局等相关部门的大力扶持下，集美南音被赋予了新的生命力，成为重点扶持项目，为传统艺术注入了新的活力。2015年5月，集美南乐社在集美小学开设南音培训班，与厦门市南乐团一同走进校园为学生授课。这一举措不仅让学生在校园内就能接触到南音这一传统艺术，更在无形中培养了他们对南音的兴趣和热爱。2016年1月，集美小学更是设立了"闽南戏曲（南音）示范点"，为南音的传承搭建了一个坚实的平台。为了进一步推动南音的传承与学习，集美小学还成立了南乐社团。这个社团不仅为学生提供了一个展示才华的舞台，更在各类演出比赛中屡获佳绩，充分展示了集美南音的独特魅力。

随着时间的推移，南音艺术的影响力逐渐扩大，集美中学也成了传承南音的新阵地。2018年年初，集美南乐社在集美中学组织了一批会闽南语、对南音充满热情的老师，成立了"集美南音研习团"。在这个研习团中，陈重山老师亲自传授南音的唱腔和演奏技艺，让老师们深刻感受到了南音的艺术魅力。

此外，集美中学还在初一学年段开设了"南音兴趣班"，为有意愿学习南音的学生提供专业的培训。每周一次的培训课程，让学生能够深入了解南音的历史和文化，掌握南音的基本技艺。暑期，陈重山老师还会为"南音班"的学生提供公益培训。在各方力量的共同努力下，这一传统艺术形式正在焕发新的生机与活力，为集美区的文化建设注入了新的内涵。

集美南乐社参加演出（由陈枫萍提供）

回忆儿时见嘉庚　感慨伟业照古今

自小生活在集美大社的陈重山，儿时常目睹陈嘉庚先生巡视工地的情景。那坚定而有力的步伐，拄着一根简朴的手杖，深深地印刻在陈重山的记忆之中，也铭刻在集美乡亲们的心中。那份对家乡的热爱与奉献，那份对事业的执着与坚持，成为陈重山及众多集美人心中的永恒记忆。

当时陈嘉庚在建中学这边的楼，经常出来视察工地，手里还拄着一根拐杖，那个时候我们才七八岁，就认识他了。

在谈到陈嘉庚对国家对家乡的贡献时，陈重山更是满怀敬意与感慨。他不仅高度评价了陈嘉庚先生的爱国情怀和奉献精神，更深深感受到其伟大精神对后世产生的深远影响。

陈瑞美

陈瑞美，1954年出生于集美大社后尾，浔美芗剧社社长。

父亲陈朝基，是浔美芗剧社第一任社长，陈瑞美自幼跟随父亲演出，20多岁参加浔美芗剧社的演出。

往事如梭　回忆嘉庚关照情深

我的父亲和嘉庚先生是同辈，我叫嘉庚先生伯伯。听父亲说，当时他和我的伯父在新加坡出生，嘉庚先生的一个女儿也是在新加坡出生，他们是吃我奶奶的奶水长大的，嘉庚先生对我父亲很关照。每次我父亲回来，嘉庚先生就送东西给我父亲。在我父亲6岁的时候，嘉庚先生和我父亲说要回去看看家乡，但是我父亲说我们家里没有房子，因为当时他们都是在新加坡出生的，然后嘉庚先生说，我给你装修，房子就在后尾的六后脚，归来堂旁边的位置。我父亲后来就回来了，做一些临时工，十几岁的时候，嘉庚先生叫他去读中学，当时中学不在我们这边，在安溪。

对父亲陈朝基格外关照的嘉庚先生，不仅在生活上给予帮助，在学习方面也同样关心，安排他前往安溪读中学。20世纪30年代，日军的铁蹄无情地践踏国土，1937年10月，为保护集美学校师生，时任校董的陈村牧决定，率领集美学校的师范、中学、商业、农林、水产各校先后内迁安溪。据《移校志略》[①]记载：

暴敌侵我，仇视文化机关，如南开同济等，惨遭摧毁无余。我政府当轴，为保存国力起见，通令沿海危险区中等以上学校，迁移安全地带。自九月三日，敌以机舰袭击厦门海口，经我守土将士奋勇抗战，不得逞后，仍时思伺隙而动。本校为求员生安心工作，不以国难严重中，而废宝贵之时光。事前由陈校董函向校主请示，一面派赵雪岑先生赴安溪，商借临时校舍，承谢县长，及当地人士赞助，尤以文庙及中心小学一部分借用。十八日，得校主电复："移校可行"。十九日，召集临时校务会议，决定以师范中学商业三校先移。水产农林暂缓，并详记录。二十日，陈校董亲偕郭应麟、王瑞璧、林泗水、王成竹、李忠直等赴安溪视察临时校舍，并布置一切。二十三日下午五时回校。决定自二十五日起，陆续将必需用校具及教学仪器图书车运，员生尽于十月二、三日两日分批前往，并通告新旧生于四日以前到校注册云。

---

① 《集美周刊》第22卷第1期，1937年9月27日。

1938年，陈村牧"鉴于移安各校，地点散漫，管理难周，又因时局影响，辅助款项亦无把握，认为有变更校政组织裁员减薪以适应非常环境之必要。于一月三日八日召集校务会议商议，并商得校主同意，将各校各机关合并"①，改称为"福建私立集美联合中学"。1939年春，中学生人数激增，水产、商业、农业迁移大田，合并为"福建私立集美职业学校"，私立集美联合中学则取消"联合"二字，改成"私立集美中学"，校舍仍设在安溪②，直至1946年，学校才全部迁回集美。

当时，听从陈嘉庚建议的陈朝基，就读的正是位于安溪的集美中学。品学兼优的陈朝基中学毕业后，先是到测量队工作，在工作时，充分发挥他绘画的特长，不仅负责测量土地公路，还负责绘制地图。回到集美后，还曾受到陈嘉庚的工作邀请。

我父亲学习挺好，挺有才的，在文字、书画方面都很擅长。当时毕业以后，嘉庚先生让他去找一份工作，我的父亲就去了测量队，测量土地和山路，以及绘制地图。当时测量的工具不是现在的尺，而是用绳子，条件很艰苦。他们当时测量了福建省的好多地方，包括永定县整个地区，他都走过。我有一个哥哥，刚好就在永定的南门出生。当时在山区，没有地方买布，我哥哥生下来的时候，是先用香蕉叶包起来的，然后他们才坐船到永定县买布。当时我父亲给我哥哥取名陈建村，意思就是指回来建村。后来我父亲回到集美，嘉庚先生还建议他到福州去补习读书，我父亲不想离开家庭，就留在了集美。这个时

---

① 出自《集美周刊》第23卷第1期，1938年2月26日。
② 福建私立集美学校校董办公室：《集美学校最近三年来概况》，同安：福建私立集美学校，1940年，第1页。

候集美中学刚迁回集美，嘉庚先生就想让他去管集美中学的财务，但是我家里人口多，经济压力大，所以我父亲拒绝了嘉庚先生的邀请，去码头当了搬运工，因为这样赚的工钱会比较多。

陈嘉庚对父亲的关照，陈瑞美一家铭记于心。在提及嘉庚往事时，陈瑞美还忆起了一件儿时趣事。1954年，陈嘉庚开始组织修建龙舟外池，陈瑞美的母亲在龙舟池建筑队里工作。有一次，母亲带着她到工地做工，年幼的她与陈嘉庚有了一段记忆犹新的对话：

当时龙舟池开挖的时候，我妈妈在工地上敲石头。有一次我和我妈妈一起过去，当时我是我们家最小的一个孩子，也比较皮，就在工地上哭，想要吃东西。这个时候嘉庚先生和他的两个警卫就走过来，我记得当时嘉庚先生穿了一件长袍，戴着一顶帽子，拄着拐杖走过来，他用本地话和我说："小女孩，你不要哭，你妈妈在砌砖头要弄龙舟池，以后要让我们看划龙舟。"他讲完就递给我一张五块钱，当时我很高兴，然后他和我说，快和伯伯说谢谢。我马上和他道谢，他听完很开心，说"好好好，以后要乖乖的"。然后他继续巡察工地了。这件事我到现在还记得很清楚。所以当时我就知道，嘉庚先生是一个很好的人，也是一个很有成就的人。

承父业接手芗剧社　传嘉庚情美名扬

20世纪50年代初，陈嘉庚怀揣对家乡的深情厚谊，致力于提升乡民的文化素养与道德风尚，他亲自主导建设了工人俱乐部，这个俱乐部也被乡民亲切地称为"公会"，并为日常运作和活动提供经费。后陈嘉庚基于集美本土的歌仔清唱基础，以俱乐部为活动场所，组建了芗剧团①，旨在用艺术的力量丰富乡梓的文化生活，传播家乡的独特风情。

芗剧原名歌仔戏，是一种用闽南语演唱的地方剧种。明末清初，郑成功收复台湾后，便把流传于漳、泉两地的"歌仔"（亦称"锦歌"）、"车鼓弄"等民间戏曲艺术带入台湾，这些民间戏曲与当地民歌小调结合，逐渐形成了清唱的"歌仔馆"。清末时期，由于迎神风俗的盛行，"歌仔馆"开始以化装游行的表演方式走上广场，当地人称为"歌仔阵"。在后续的发展演变中，"歌仔阵"不断吸收来自梨园戏、四平戏等剧目的表演艺术，逐步发展成了"歌仔戏"。1928年，台湾歌仔戏班"三乐轩"来到龙海白礁慈济宫进行演出，歌仔戏因此风靡一时，泉州、漳州各地纷纷兴起歌仔戏班。然而，抗日战争爆发后，地方政府一度把台湾的"歌仔戏"视为"亡国调"，下令禁演。此后，被誉为歌仔戏"一代宗师"的邵江海、林文祥等艺人从锦歌当中汲取精华，创作出了杂碎调，在此基础上，他们又融合了高甲戏、梨园戏、竹马戏等部分曲调，创作出了一套全新的改良调，这种改良调在漳州龙溪芗江一带广泛流传。新中国成立之后，主要流行于芗江一带的改良调被正式更名为"芗剧"。②从此，这一名称便沿用至今。

在成立了芗剧社之后，多才多艺的陈朝基担任第一任芗剧社社长。深受梨园氛围熏陶的陈瑞美自小便跟随父亲四处演出，成年之

---

① 陈新杰：《集美学村大观》，合肥：时代出版传媒股份有限公司、黄山书社，2021年，第292页、293页。

② 厦门市同安区政协文史资料委员会：《同安文史资料》，厦门：厦门创造彩印制版有限公司，2005年，第132页、133页。

后，便加入芗剧社参与表演。据陈瑞美描述：

> 当时嘉庚先生很关心乡民，怕大家在闲暇的时间去打牌赌博，所以成立了工会，让工人回来休息的时候去唱唱歌，学学芗剧。我父亲当时会拉二胡，其他的乐器他也是一学就会，嘉庚先生便让他担任芗剧社第一任社长，组织工友在休息的时候，学习芗剧。后来我父亲认识漳州的一位演布袋戏的吴先生，这个吴先生对他很好，每次都送他歌词歌本，我小的时候就每天跟着我父亲出门演戏。我二十多岁的时候，我父亲说我的歌声不错，而且从小就喜欢演戏，就让我参加芗剧社，我表现得也还不错。

"文革"期间，工人俱乐部解散，后来在相关部门的支持下，芗剧社开始恢复活动。2007年，芗剧社取名为"厦门市集美区浔美芗剧社"，一直致力于弘扬传承集美芗剧文化。

> 以前集美区开上级干部会议的时候，每次都会请我们表演，我们不收一分钱。打扮用的花粉都是由镇里面出资购买，我们叫师傅来帮着化妆。当时嘉庚先生还从新加坡寄来戏服，无论是武生的还是小生的衣服都有，也都很漂亮。

如今，陈瑞美接过父亲衣钵，对家乡、芗剧有着深厚感情的她，肩负起浔美芗剧社发展的重任。她深知这一使命的重要性，不仅是对家乡传统艺术文化的保护与发扬，更是对嘉庚先生精神的传承。除了传统剧目的编排，浔美芗剧社还结合时代发展，创排出一系列唱响时代主旋律、弘扬"嘉庚精神"的优质作品，如《嘉庚精神代代传》《百年奋斗，国家兴》《歌颂二十大》等。

附录

芗剧《嘉庚精神代代传》

（1）洗衣调：厦门集美好风光，山清水秀冠南疆。

（朗诵）出了伟人陈嘉庚，五湖四海美名扬，美名扬。

（2）快板：嘉庚先生出生在清朝末，国力衰败民凄惨。

忧国忧民立壮志，历史重任挑肩上。

（3）七字仔调：结识伟人（啊）孙中山，携手救国于危难。

捐资捐物尽所能，推翻帝制功无量。

（4）快板：17岁离乡去南洋，艰苦奋斗创业难。

诚毅赢得信誉高，事业发达名声响。

（5）柳絮调：日寇铁蹄踏国土，抗日烽火遍地燃。

号召南侨回国抗敌，同仇敌忾保江山，保江山。

（6）快板：立国之本是教育，心系故里办学堂。

倾资办学育英才，爱国爱乡美名扬。

（7）春宵吟：集美学村变成大学城，莘莘学子读书忙，读书忙（啊）。

万众继承先生志，爱我中华（啊）当自强。

爱国中华当自强，当自强，当自强。

（8）快板：嘉庚先生是爱国华侨一面旗，嘉庚先生是中华民族的光辉。

嘉庚先生伟绩撼天地，嘉庚精神万代传，万代传！

（9）劳动调：浩瀚太空星光闪，陈嘉庚星亮堂堂。

先生与天上日月同辉，先生在人间与天地共久长。

赓续"嘉庚精神" 致力中泰交流

丁文志 口述

丁文志

丁文志，出生于 1932 年，后跟随父母定居泰国。1953 年华侨归国潮中，选择到集美，在集美华侨补习学校学习一年后，先后在集美中学 80 组、集美中学高中 42 组求学。1962 年回泰国，后创业成功，成为富侨。21 世纪 80 年代投入集美泰国校友会工作，担任会长近 40 年，为"嘉庚精神"的传承和中泰之间经济、文化、教育等方面的交流作出了杰出的贡献。

丁文志长居泰国，每年固定回国的时间是陈嘉庚诞辰（10月21日）。丁文志每年也有一个固定节目，就是要跟一群八九十岁的老同学聊天、喝茶。

丁文志的同学们在聊天、喝茶

归国建设　毅然选择集美

在抗战时期，陈嘉庚先生组织华侨捐款捐物，号召华侨机工[①]回国服务，在祖国大西南从事抗战运输工作，在家乡倾资办学……在南洋的时候，我们都知道陈嘉庚是爱国爱乡的华侨，非常敬佩他。所以，当时回国的时候，就决定要来集美华侨学生补习学校[②]读书。

说到当时为什么选择从泰国回到祖国，丁文志先生骄傲地说，新中国成立后，鼓舞了无数海外华侨，当时满怀着对新生国家的期待，决定一定要回到祖国的怀抱。

在这股归国潮中，华侨学生是一个特殊而重要的组成部分。为此，国家先后在侨生集中的北京（1952年）、厦门（1953年）、广州（1952年）、汕头（1959年）、南宁（1960年）、昆明（1960年）和武汉（1960年）七个城市设立了"归国华侨学生中等补习学校"。

1953年回国时，丁文志在北京、厦门和广州几个接待归国侨

---

① 全称是"南洋华侨机工回国服务团"。

② 集美华侨学生补习学校是经国务院批准，并委托著名爱国华侨领袖陈嘉庚先生于1953年主持创办、专招华侨华人学生以及来华学习中国语言文化的外籍学生的特色学校。1997年，国务院侨办决定将集美侨校成建制并入华侨大学，现为"华侨大学华文学院"。

生的地方，毅然选了厦门集美。丁文志说，陈嘉庚先生在东南亚的影响力非常大，大家都知道他在祖国倾尽所有兴办学校，非常佩服和敬仰陈嘉庚先生，虽然自己祖籍在广东，但当时还是选择到集美来。

积极主动　养成"诚毅"品格

丁文志来到集美，在华侨补习学校补习了一年。1954 年他考入集美中学 80 组，在班主任陈欣雪老师的教诲下完成了初中三年的学业。他初二担任学校报纸杂志的发行员，热心诚恳地为同学服务，报刊的发行量连年扩大，不久他便荣升为全校的总发行员。初中毕业时，他学习成绩优异，被学校保送上了高中。

在集美中学高中 42 组求学的丁文志，兼任班级的学习委员。他不仅勤奋学习，还满怀激情地参加各项运动。他在厦门海堤建设的工地上扛过石头，在海潮发电站[①]的工地上劳作……他全力以赴地参与到各种活动和劳动中来，争先带头。为了给学校师生谋福利，他积极向校领导建议成立消费合作社，并被学校任命为负责人。他多方联系，采购价廉物美的生活日用品，供应师生。当时物资贫乏，他此举为众人造福，获得大家的好评和学校的嘉奖。回顾往事，丁文志感慨地说，这些"运动"和社会工作锻炼了自己，为他日后事业成功打下了坚实基础。

[①] 嘉庚先生 1957—1960 年在集美投资兴建海潮发电站，因总工程师邱后丛设想不成熟，从预算、施工，到后期补救一直隐瞒真相。陈嘉庚一腔热情，投资层层加码，从预算 24 万元最后追加到 91 万元，兴建了世界第一座海潮发电站——中华人民共和国集美太古海潮发电站，但多次实验均以失败告终。

丁文志说，在集美求学的过程中，自己还是个穷学生，因为有助学金，才得以完成学业，母校的培养之恩永远铭记于心。

最让丁文志难以忘怀的是，1953年回来的时候，华侨学生补习学校还没有建好，当时那片地还是个光秃秃的小山坡，他们暂时借用财经学院的教室来上课。他几乎每天都能见到嘉庚先生，他拄着拐杖、戴着毡帽，经常在工地上指导建设。没多久，集美华侨补习学校就建起来了，他内心更敬佩嘉庚先生。

现在的南薰楼、道南楼等嘉庚建筑都是在那个时期建设的，这些建筑见证了陈嘉庚先生对教育事业的情怀和贡献，也成了集美学村的标志性建筑。也是在这个时候，丁文志先生对嘉庚先生有了更深的了解，深受嘉庚先生爱国爱乡、倾资办学、无私无畏的精神影响，在多年的熏陶中，潜移默化地养成了"诚毅"的品格和慈善的心怀。

高中二年级下学期，大批工人进厂务工。丁文志考虑到自己年纪偏大，本来就是要回国参加建设的，便毅然放弃学业，到厦门电机厂当车床工人。他在那里干了4年，即从1958年一直干到1962年。他的技术水平比一般人高超，又勤奋好学，不久便当上了带领30多名工人的工段长，而且带领过十几位上海来的学徒，这些工作经历给了丁文志很好的学习机会。1960年，他与从小在泰国相识、后来回国在集美中学读书的校友林培雁喜结连理。当时林培雁已从厦门卫校毕业，在幼儿园担任教师。1962年，因为父母年龄大，他们听从父母的召唤，回到泰国。

努力工作求突变　获得财富回报社会

陈嘉庚精神和诚毅校训教我为人，教我怎么做好一些工作，我很乐意去做这些事情。

初返泰国，丁文志经朋友介绍，重拾旧业，进入徐思华①集团的直属公司——泰美钢管有限公司，当一名普通工人。丁文志回忆，因为在国内当机工多年，有相当的技术基础，这使他先人一步掌握生产技术要领，迅速地成为车间的生产骨干。而且凭借自己对机械和制图的深刻理解，大胆地对公司从德国进口的机器进行改进，比如将只能生产4寸管的机器改成6寸管、8寸管都可以生产。他用自己在厦门工厂多年积累的经验，进行技术革新。例如，他用空气代替蒸汽镀锌，既防止管道堵塞，又回收不少锌粉，一年即为工厂节支增收了百万铢的巨款。他工作勤奋，刻苦钻研技术，深受老板赏识，短短的几年便升为厂长，他于是更忠于职守，一直为工厂兢兢业业工作了17年。

20世纪70年代末，丁文志离开工作多年的钢管厂，与太太林培雁在曼谷租了个店面，开起夫妻店，专营滚珠轴承。滚珠轴承是机械的重要部件，丁文志十分熟悉，经营起来得心应手。刚创业不久，丁文志就遇上了一位老板需要钢管接头，4个月交货50万个钢管接头。丁文志接下这个订单，依靠自己的专业技能画图、设计机器来制作，机器做好后，4个月交付了20万个6分的钢管接头和30

---

① 创始人徐思华（1913—1986年），出生于广东丰顺县，1936年以小资本在曼谷耀华力路填港开徐思华两合公司，自谋打白铁业。后创设徐思华铝制厂，主办的铝器厂保证产品质量，坚固耐用，享誉东南亚各国。1961年与美商合创泰美钢管有限公司，自任董事总经理。

万个4分的钢管接头，第一笔订单丁文志就赚了七八十万泰铢。第二次、第三次又承接总共100万个钢管接头的订单，丁文志赚到了创业以来的第一桶金。他带领工人边干边教，干得热火朝天，加上天时地利和质量上乘的产品，受到客户的欢迎，产品供不应求，规模不断扩大，订单源源不绝，产品也远销国外。

在事业获得成功的同时，丁文志还专门设立了奖学金，鼓励职工培养子女，鼓励职工子女读书上进。

1997年卸下公司的责任后，丁文志更是投身到社会公益事业中来。如今，丁文志既是泰国雇主机构的主席，也是泰国中央劳工法院陪审法官团主席。而所谓雇主机构，则相当于"资本家联合会"，丁文志由此风趣地称自己为"资本家的头头"。无论是雇主机构还是劳工法院陪审法官团，都主要是为泰国劳工服务，为工人谋福利。丁文志还是一位活跃的社会活动家，担任泰国中华总商会的常务会董、泰华进出口商会的常务理事、泰国"中国和平统一促进会"副会长和泰国华商联谊会会员。此外，他还担任泰国丁氏宗亲总会理事长、山东省海外联谊会理事、厦门市海外联谊会名誉会长、厦门市工商联（总商会）特邀顾问等职务。为社会公众服务，丁文志乐此不疲。为医院捐款，为贫童助学，为校友解囊，慷慨奉献，对国内的公益事业也多有襄助。

1984年12月，集美学校泰国校友会成立，丁文志随即加入集美学校泰国校友会，后担任校友会会长至今。

我从来没有忘记祖国、母校、同学和校友。

丁文志后来长期担任集美学校泰国校友会会长，广泛联络海内外校友，为中泰两国经济、文化、教育交流作贡献。同时，受陈嘉庚先生的鼓舞，他还常年资助泰国华侨学生，兴学育才。

捐献火炬 "嘉庚精神"代代传

2008年北京奥运会，丁文志先生被选为泰国曼谷传递奥运会火种的火炬手，此举不仅传递了奥运火炬，更拉近了中泰两国的友好关系。在传递完火炬后，丁文志认为把火炬放家里没有太多的价值，便与夫人商量将火炬捐给陈嘉庚纪念馆，同样是嘉庚学子的夫人林培雁非常赞成这一想法。

我们感恩母校的栽培，感恩祖国，感恩陈嘉庚老先生。因为诚毅的校训教我为人，我能够有今天，也是受到"嘉庚精神"的影响。

2008年5月11日下午，丁文志把火炬带到鳌园和校友们共同分享。5月12日，陈嘉庚纪念馆举行了丁文志校友火炬捐赠仪式，泰国驻厦门总领事和侨办、侨联、集美区领导、各界人士及学生共数百人参加了这次捐赠仪式。

火炬不仅仅是传递，也是传承。

要高举"嘉庚精神"的旗帜，我对陈嘉庚老先生非常尊重，我感恩祖国，感恩陈嘉庚先生，因为"嘉庚精神"影响我的一生，我的女儿、两个孙子都在集美读过书，我这一生非常满足。

2008年丁文志在泰国传递奥运圣火
（由丁文志提供）

珍藏于陈嘉庚纪念馆的
奥运火炬

致力中泰两国交流　弘扬"嘉庚精神"

丁文志担任集美学校泰国校友会会长近40年，为加强集美与泰国在教育方面的交流与合作尽心尽力。2017年，厦门市陈嘉庚教育基金会设立了陈嘉庚奖学金，资助"海上丝绸之路"沿线国家的华侨华人和港澳台地区集美校友后裔来厦门学习深造。陈嘉庚奖学金自 2017 年设立至 2023 年 10 月，共有来自 11 个国家和地区 1224 名学生受陈嘉庚奖学金项目资助来厦门学习深造[①]，在海外掀起了"中国吹来的嘉庚风"。

为了让更多的华侨后裔获得来厦学习深造的机会和弘扬"嘉庚精神"，丁文志领导的集美学校泰国校友会积极投入陈嘉庚奖学金的招生，2017 年来厦门的泰国华侨华人学生有 102 名，369 名奖学金获得者中，泰国学生占了近三分之一。而且，丁文志亲自带队来厦，集美学校泰国校友会还为学生定制了印有"嘉庚学子"字样的 T 恤，希望大家铭记嘉庚先生，传承"嘉庚精神"。

在丁文志的带领下，2019 年 9 月 9 日成立了泰国嘉庚学子联谊会，主要负责泰国嘉庚奖学金留学生的管理工作。致力于将华侨后裔中的初中生、中学生、中专生、大专生、本科生、硕士研究生以及学历生送到厦门深造，让更多的华侨后裔了解中国，学习中国优秀文化，感受现代中国的脉搏，让"嘉庚精神"代代相传。

作为常务校董和集美学校泰国校友会会长，丁文志认为一定要做好留学生的招生宣传工作。泰国学生从厦门毕业后实现了高质量就业，将吸引更多泰国和东盟国家的学子来到厦门求学，为"一带一路"贡献力量。

2020 年，集美学校泰国校友会成立下辖泰中教育集团，以教育传递价值为理念，依托泰中侨商联合会平台，整合两国优质教育资源，为泰中两国留学生提供留学、游学夏令营以及相关咨询等多项优质服务。

[①] 数据来源：2023 年 10 月 26 日召开的陈嘉庚教育基金会颁奖大会上发布数据。

泰中教育集团已联合中国部分地方政府及高校等机构，组织了数百名泰国学生参加"寻根之旅"夏令营活动，通过开展丰富多彩的交流活动及文化体验活动，海外华裔青少年更真实地感受中华文化的无穷魅力，促进国际中文教育事业的发展，传承和传播中华文化。同时，还组织了泰国学生赴集美中学、集美工业学校、厦门海洋职业技术学院、厦门理工学院、集美大学、华侨大学及华侨大学华文学院、厦门大学、北京华文学院、北京理工大学、天津大学、湖北大学等高校学习短期和长期的高中、本科、硕士等课程；并与中国及各省市侨联、高校等机构单位联合组织中国留学生到泰国朱拉隆功大学、法政大学、皇家理工大学、易三仓大学、格乐大学、商会大学、曼谷大学等高校进行交换学习，增进中泰学子之间的交流，进一步促进中泰两国教育领域的交流与合作。

在"嘉庚精神"的传承上，丁文志不遗余力，即便是93岁的高龄，依然为赓续"嘉庚精神"、培育时代新人奔走，多次亲自带队送泰国华侨留学生到厦门深造。

情系母校　心连同窗

从1985年开始，丁文志所在的集美中学初中80组、高中42组每年都会举行同学聚会。他们当中有不少是来自印度尼西亚、马来西亚的侨生，在母校的时候，侨生们吃在一起、住在一起，感情像兄弟姐妹一样，师长对他们而言就像父母。

我们基本每年都聚会一次，刚开始定在（正月）初三，但是过年很多同学要探亲聚不齐，后面我们商定在陈嘉庚诞辰纪念日相聚。同学们都从世界各地回来参加聚会，大家有钱出钱、有力出力，我们很多都八九十岁了，互相关心、互相帮助。同学调侃说，我们见面一次，年轻5岁。

丁文志说，每一次跟同学见面，都要去缅怀嘉庚先生，去鳌园献花圈花篮，纪念陈嘉庚。

我们也是在"嘉庚精神"的感召下，一起回到母校。看到集美现在变得越来越好，我们内心都很激动。我们海外学子一直以在集美受过教育为荣，集美是一个人文教育积淀深厚的地方，也是一个美丽的海滨城市，人文与风景汇聚，不光我们校友们觉得集美学校太好了、太美了，我邀请来的朋友也纷纷称赞这里实在是太美了。

丁文志还多次组织同学到泰国旅游，连续多年接待集美中学初中80组、高中42组等多批到泰国旅游的校友，他们分别来自中美等地。在泰国旅游期间，一切费用均由丁文志承担，包括住宿费、餐费、差旅费等。为了让同学们玩得开心，尽情欣赏泰国的优美风景，体验泰国的风土人情，丁文志还多次驾车当导游。

丁文志敬仰、学习陈嘉庚校主，是传承嘉庚文化、弘扬"嘉庚精神"的典范。他对祖国、母校、校友一片深厚情谊。他和校友们之间亲密无间的兄弟般的情谊，使人深切体会到"嘉庚学子遍天下，集美校友是一家"。

激动！陈嘉庚教育遗产要申遗

嘉庚先生对国家的贡献、对青少年教育的贡献非常大，他创建、资助、倡办了 100 多所学校，培养了诸多学子。如果能申遗成功，那就太好了！

在丁文志心中，嘉庚先生对国家、教育的贡献是不可估量的。嘉庚教育遗产申请世界文化遗产，对"嘉庚精神"的弘扬和传承意义重大。丁文志对传承"嘉庚精神"的事情特别在意，非常上心。他说，太空中有一颗星星，叫"陈嘉庚星"。

丁文志提到的"陈嘉庚星"，是 1990 年 3 月 31 日国际小行星中心和小行星命名委员会在国际《小行星通报》刊物上发布的公告，将中国紫金山天文台于 1964 年 11 月 9 日发现的编为第 2963 号的小行星正式命名为"陈嘉庚星"。

获得国际小行星中心永久编号的小行星被确认和公布后具有历史性和永久性，即使千百年后，这一星名仍为国际所公认。陈嘉庚的名字和"嘉庚精神"连同"陈嘉庚星"将永载史册，遨游太空，与日月同辉、与宇宙共存，这是陈嘉庚精神跨越时空的体现和标志。

之所以如此命名，与嘉庚先生为科学教育事业所作的贡献有关。他是一位"科教兴国"的先行者，1922 年，嘉庚先生在集美学校创办科学馆，并从国外进口大量物理、化学、生物等学科的设备、仪器、标本等。馆中的硬件无论数量还是质量都达到了当时国内的一流水平。他认为，"国家要富强必须依靠科学，科学要振兴必须教育为先"。因此,他在倾资兴学过程中,非常注重培养科学技术专门人才,集美学校很早便有了商科、航海、农林等专业。

不仅在家乡主张科学教育的重要性,嘉庚先生还尽可能地利用自己的影响力,在全国倡导科学教育。1949年,陈嘉庚回国参政,向全国政协第一次会议提交7项提案,其中之一是:"科学建设为建国首要之图。查现在全国各中学有科学馆之设备者寥寥无几,欲培养科学人才,实应自中学始。"该提案全部为大会所采纳。中国科学院为了纪念陈嘉庚对教育事业所作的贡献,向国际小行星命名委员会建议把第2963号小行星命名为"陈嘉庚星"。

"陈嘉庚星"小行星命名证书(摄于陈嘉庚纪念馆)

嘉庚先生对科学技术专门人才的重视也让诸多嘉庚学子受益。丁文志依靠自己过硬的技术能力,为日后的成功奠定了坚实的基础。他一遍遍地说:

我有今天要感谢陈嘉庚,感恩母校的栽培。我还担任着集美学校泰国校友会的会长、泰国嘉庚学子联谊会的会长,我要把这个工作做好。

体恤民生　为普通人带来希望

黄集群　口述

黄集群

黄集群，1954年出生于厦门同安，厦门市作家协会会员、集美区作家协会会员。1972年尝试写作，已发表作品千余篇。外祖父施天给，就读于爱国华侨陈嘉庚于1918年3月在集美创办的集美学校师范部，1922年师范毕业后在同安乡村小学从事教育多年。外祖父接受新式教育理念，1928年，黄集群的母亲施妙颜出生后，外祖父没有让她裹三寸金莲，而是让她读书。1950年施妙颜毕业于泉州惠世高级护校①。1951年由同安同乡会会长介绍，持校主陈嘉庚先生的聘书前往集美医院从事护理工作，后又到陈嘉庚倡办的同民医院工作。1961年8月20日，陈嘉庚灵柩运抵集美时，黄集群母亲施妙颜是救护车上负责接灵的一员。

---

① 1934年5月由英国教会驻泉代表贾丽德主持创办，泉州医学高等专科学校的前身。

关心民生　解决实际问题

我妈妈是同安人，1949年到1950年，在陈嘉庚先生创办的集美医院工作。我哥哥也是在集美出生，所以就叫集生，后面我们兄弟四人的名字里，就都有一个"集"字。

2022年，我妈妈在生命弥留之际，告诉我们关于嘉庚先生的一个故事，是她在集美医院工作时发生的事情。当时，有一个集美大社的孕妇在井台上洗衣服，不慎摔倒，嘉庚先生得知这个事情之后，叫他的助手迅速赶到井台所在的地方，助手跟几位大社的村民一起把这个孕妇送到集美医院去。当时我妈妈就在场，经过检查，孕妇没有危险。这个事情发生之后，嘉庚先生了解到孕妇是因为井台上长满了青苔，又比较泥泞，所以才会滑倒。于是，嘉庚先生认为那个井台应该重新规划一下，避免类似的事情再次发生，他让工人把井台修建得又安全又漂亮。嘉庚先生对一个普通的居民都非常关心，让我们很感动。

这既是大爱，也是嘉庚先生做事的风格，他在发现问题后，会想尽办法解决问题。

黄集群母亲曾经工作过的集美医院，也是嘉庚先生在解决师生健康问题的过程中诞生的。1918年集美师范部、中学部成立，成立伊始，学生染疟疾及脚气病者甚多，影响学习。于是，1919年9月，陈嘉庚在学校设校医室，特置校医治疗疾病，这就是集美医院的雏形，也是集美地区最早的现代医疗机构。1920年，"集贤楼"落成，面积约720平方米，共两层18间，同年9月集美学校医务室随即迁入，改称"集美学校医院"，设有内外科、药房、注射室、产房和六张病床，是集美以至当时厦门岛外首座医院。陈嘉庚创办集美医院，在福建省境内开了华侨办医之先河。集美学校设立医院，本是为谋公共卫生及增进教职员工和学生健康而设的。医院属慈善性质，初创时一律免费，后虽酌量收费，亦甚微薄，故本乡外乡就医者非常多。名医叶启元①莅职以来，更是闻名遐迩，泉州、南安、安溪、厦门等地来院求诊者络绎不绝。

抗战胜利后，集美校董会拨巨款购置高倍显微镜、腹腔外科手术器械等。为解决战后广大师生员工及当地群众的困难，医院对患者实行减费或免费治疗，业务十分繁忙。中华人民共和国成立后，在人民政府重视和陈嘉庚的关怀下，集美医院规模逐步扩大，新建病房一座，并充实手术室、检验室的设备。那时，陈嘉庚对医院非常重视，很多医疗器械以及救护车是从香港运过来的。如今，历经

---

① 叶启元（1873—1949年），又名神勋，南安金淘人。少时，到英国教会创办的泉州惠世医院当职工。清光绪二十七年（1901年），惠世医院举办第二期医生班，英籍院长白瑜纯见其为人诚实，聪颖好学，推荐他入医学班。在五年学程中，叶启元勤奋钻研，成绩优异，通晓内外各科，尤擅长外科手术及小儿科。1931年，嘉庚先生慕名聘请叶启元任集美医院医生，他欣然应允。在集美工作十余年，悉心为师生健康服务。

百年风雨，厦门第二医院①已经发展为具有超千床规模的医院，也是岛外唯一一所集医疗、教学、科研、急救于一体的三级甲等综合性公立医院。

心怀乡梓　建设集美

我妈妈在医院工作的时候（20世纪50年代），集美是一个大工地，到处都在建设，集美学村的雏形也是在那个时候形成的。当时几乎所有的大社人都参与到建设集美学村的工作中来。为了建设好集美，大社的人把这项工程当作自己的事情，他们认为这是我们的家，我们要把它建设得更好，就非常努力工作。嘉庚先生发现他们

集美学村

---

① 2003年11月，厦门市委、市政府决定将岛内优质医疗资源转移到岛外，将厦门市第二医院与集美医院合并，成立新的厦门市第二医院，并将总部迁至集美。

每天都在加班加点，就强行限制了他们的工作时长，用钟声的方式来提醒大家放工和上工。放工后，在哪里工作就把劳动工具放在哪里，然后好好吃饭休息。等时间到了，钟声一响，大家再拿上工具上工。嘉庚先生这么做，就是让大家劳逸结合。大家休息好了，才能有更好的精力投入家乡的建设中来。

陈嘉庚先生1950年回到家乡集美定居后，把主要精力都投入集美学村和厦门大学的建设中。在陈嘉庚秘书张其华所著的《陈嘉庚在归来的岁月里》一书中提到，除了当地的村民投入集美学村的建设中，嘉庚先生还从惠安等地招聘了大量的建筑工人，高峰时集美达1300多人，厦门大学近1800人，分别搭建了大片的临时工棚。嘉庚先生不避风雨，每天都到集美工地巡视、指挥和解决工地上出现的问题；每个星期乘坐普通的渡船到厦门大学建筑工地检查。从1951年至1954年，在厦门大学建起31幢大楼，相当于新中国成立前的两倍。在集美，从1950年起着手修复遭战争破坏的校舍，包括填海筑堤，将大片海滩改造成建设用地；1955年后转入扩建新校舍，包括科学馆、图书馆、体育馆、医院、电厂、自来水厂、电影院，以及为纪念抗日战争和解放战争作出牺牲的军民而建立的集美解放纪念碑，总建筑面积约17万平方米，相当于新中国成立前的3.5倍。

如此庞大的工程自然需要强有力的管理，1950年第四季度，陈嘉庚成立了厦门大学建筑部和集美学校建筑部，主管两校校舍的修复和扩建。如今，集美学村和厦大一幢幢颇具风格的嘉庚建筑已经成为世界瑰宝。

体恤民生　倡办同民医院

　　嘉庚先生创建了集美医院后，又倡办了同民医院。当时同安是农业县，有很多农民看不起病。1947年，为了让农民生病的时候能够得到救助，嘉庚先生就在同安倡办了同民医院，旧址就是现在的同安宾馆。我妈妈是同安人，后面就又调到同民医院工作。在20世纪50年代，同民医院的总务是集美大社人，叫黄水泉，年底时做财务的总结，同民医院可以说几乎是没有盈利的。每一年年底他都要到乡下讨要医药费，很多农村人到医院看病住院都支付不起医药费，就一直欠着，催讨也往往收不上来。嘉庚先生知道这个情况后，让患者写一张没有办法支付钱款的证明，医药费就免了。当时同民医院起到了非常重要的作用，一是因为医院是侨办的，有比较先进的医疗设备，比如X光机，很多药物也是海外进口的；二是因为医生是从很多地方引进的，他们的医术比较高；三是因为同安交通非常不便，病人来医院都用马车、手推车、牛车，后面华侨资助了救护车，那在当时是比较先进的。

　　同民医院成为当时同安以至周边患者就医的重要医疗机构。

　　据《南侨回忆录》和陈嘉庚所撰的《广征确著灵验秘方重增验方新编通告》及《增广校正验方新编》序二文记载，他在二十余岁时，在新加坡见到友人珍藏的一本药书，名《验方新编》，是他人赠送，无处可买。"书内注云，版存日本横滨中华会馆，任人印送。"后据陈嘉庚友人所言及他亲身验证，书中药方"颇有应效"，且"念吾闽乡村常乏医生，若每村有此书一本，裨益不少"。于是，他便汇款日本横滨中华会馆，托印千本，分送乡梓及南洋偏僻社会同胞，以使此书得以推广。几经波折，嘉庚先生印赠《验方新编》还是未能实现，但他始终对国民健康非常关注。

陈嘉庚先生十分强调改善和创造有利于健康的生活条件与生产环境，以增进人民健康、延长寿命、提高劳动生产率。他的这些理念在他所撰的《住屋与卫生》一文中得到了完整的体现。

在其生前所设计的集美鳌园"博物观"影壁中，就有"文教卫生体育题词及联语"一类，还有"谷物蔬菜木料药材花卉牲畜"一类，其中有关医疗卫生常识的内容占有相当比重。这些宣传医疗卫生常识的雕刻，是嘉庚先生留给世人的一宗医疗卫生教育的宝贵遗产。

在设备、人才方面，陈嘉庚先生认为应向先进邦域学习，言及："华侨最众之新加坡市，其卫生设施即值得吾人取法仿效。"并在侨团中发动侨胞为家乡兴建医院。

中华人民共和国成立前，同安的鼠疫、天花、霍乱、血吸虫病、痢疾、流脑、乙脑、疥疮等瘟疫疾病猖獗。民众由于缺医少药，病困交加，只能坐以待毙。陈嘉庚回国视察见此情形，返新加坡后，于1946年5月26日在同安会馆举行的第七届职员就职典礼监誓席上，据情转告诸乡亲，疾呼济困扶危，创办医院，造福桑梓。与会侨胞发扬热爱祖国、热爱家乡的精神，对家乡之处境深表同情，纷纷踊跃捐资，并商定组成筹建医院董事会。推选同安会馆监委陈文确先生任董事长，孙丙炎、张西瑞为常委，国内董事会代理人为陈村牧并委托其筹建医院，定名"同安公立医院"，并于1946年4月间汇款29000元（折人民币）作为经费。院址择在城关三秀路旧城隍庙西侧，先租一座平屋作为筹备处，首建楼房落成后，于1947

年8月1日开诊。后董事会认为"公立"之意容易误为"官办",经商定于1948年9月20日在新加坡《南洋日报》和厦门《江声报》登报声明改为"同民医院"。1953年由同安会馆主席陈文确先生倡议在马巷镇设门诊所。1956年门诊楼落成,定名为"马巷同民分院"。

在当时,同民医院的医疗水平是相当高的。据同安县卫生局《同安医药卫生志》记载,建院初期,全院人员19人,其中:专科医师2人、药剂师和护士长各1人、护士4人、药剂员1人。设有门诊、住院、总务等三处,其中门诊下设内科诊室(包括儿科、眼科)、外科诊室(包括妇产科、皮肤科);另设药局、药库;住院处设内、外科及妇产科,病床30张,隔离病床15张,另设手术室。全院诊治、手术、护理、接生业务,均由以上医护人员担负。1950年7月增设检验室。1951年,分诊所成立并设产科病房。1953年增设X光室。

1957年8月,全院员工共62人。其中:总院52人,分诊所10人。其中医技人员41人。床位102张,其中:总院85张,分诊所17张(产科)。总院门诊设内科、外科、妇产科、治疗室、X光室、化验室,药房下设蒸馏水室、调剂室,住院分设内科、外科、妇产科和传染科病房等4个病区。

1958年增设中医科、五官科和计划生育门诊。1962年增设肠道门诊。1963年总院床位120张。1964年,分诊所床位40张,1965年床位60张。

创办时,购置万能手术台、万能产床、2000倍显微镜各1台,外科、产科手术器械,钢条病床30张,钢丝病床20张。1953年增添 200 毫安 X 光机 1 台。1957 年增添万能手术床、高倍显微镜、电冰箱、光电比色计各 1 台。1958 年增添眼科器械、五官器械各 1 套，救护车 1 辆。1962 年增添德产救护车 1 辆。

正如黄集群先生所述，同民医院的医疗水平和医疗设备在当时是非常先进的。陈嘉庚先生对医疗卫生事业奉献诸多。黄集群家族中外祖父就读于嘉庚先生创办的师范学校，成为一名教师。外祖父思想开化让女儿也接受了教育，黄集群母亲得以在那个时代成为一名医护工作者，又先后就职于嘉庚先生创办和倡办的集美医院和同民医院。这或许就是那个时代的普通人与嘉庚先生的渊源，命运会因为一个人的善举而改变。

嘉庚先生千古　精神永传

1961 年 8 月 12 日零时 15 分，嘉庚先生在北京逝世，享年 87 岁。

陈嘉庚先生逝世以后，立即组成以周恩来总理为主任委员的"陈嘉庚先生治丧委员会"，并在 8 月 12 日发出了讣告。

8 月 15 日上午，首都各界公祭陈嘉庚先生。公祭结束后起灵，由主祭人、陪祭人和参加公祭大会的其他党政负责人执绋，在哀乐声中护送灵柩上灵车。

专车于 8 月 20 日下午 3 时抵达厦门市集美镇。集美车站宁静肃穆。臂缠黑纱、心情沉痛的福建省各界代表和陈嘉庚先生生前好友，早就等候在车站。在哀乐声中，覆盖着中华人民共和国国旗的陈嘉庚先生灵柩由专车上抬至灵棚，然后运往墓地鳌园。

我母亲最后一次跟嘉庚先生的近距离接触，是嘉庚先生的灵柩从北京运到厦门集美的时候，在同民医院的救护车上。当时医院派了8个代表到火车站接灵，我母亲就是其中一个，从集美火车站将灵柩送到集美鳌园。

让黄集群先生念念不忘的，是这些事情已经过去多年，而他的母亲在弥留之际（施妙颜女士于2022年年初去世），才把嘉庚先生与家里的渊源讲给他们听，他说："我不知道为什么她在那个时间点，把嘉庚先生的事情告诉我们。"

或许这是施妙颜女士留给子孙的疑惑，但是黄集群先生有自己的不惑。

这么些年来，嘉庚先生的精神鼓舞着我们。我们这一代人，从父辈那里听说了很多关于嘉庚先生的故事。他的助贫，让穷苦的孩子有了上学的机会。我作为生在红旗下的一代人，努力地想把他这种精神在我的生活中实践，我和我的老婆经常资助贫困学生，让他们能够上得起学，这是"嘉庚精神"影响着我，让我有了这样的动力。现在每年逢年过节，我总是给贫困的孩子送书、送学习用品……

在从集群的口述中，我们看到了一个在新闻和历史资料外的陈嘉庚，更看到了陈嘉庚对普通人的影响，为普通人带来的希望。他建设的学校如何让普通人受益，有了更直接的案例。黄集群的外祖父1922年师范毕业后在同安乡村小学从事教育多年，让农村的孩子们有了"读册扒道理"（读书懂道理）的机会。

黄集群的母亲正是因为外祖父的开化，在 20 世纪 30 年代那个女子上学还极为罕见的时代，有了读书的机会，可以投入卫生健康事业。嘉庚先生对卫生健康的投入，让普通人看得起病、看得好病有了更真实的画面。

而"嘉庚精神"的传承，在黄集群先生身上有了更具体的体现。他用自己的实际行动践行着"嘉庚精神"。

克己奉公、宽厚待人的陈嘉庚

邱铭静　口述

邱铭静

邱铭静，1927年出生于海沧新垵村，与陈嘉庚的侄子陈仁杰是儿时伙伴。1950年，陈嘉庚回国后，陈仁杰被召回集美，邱铭静应陈仁杰邀请，来到集美，在集美学校建筑部工作，曾担任建筑部第五中队的中队长，并受到陈嘉庚邀请，在陈嘉庚成立的芗剧社中担任司鼓一职。

那段时间我的爱人没有工作，陈嘉庚对我们很好，给我爱人安排工作。1958年我去做中队长，碰到困难的时候，他都帮助我。

邱铭静说起年轻时与陈嘉庚接触的故事时，这位即将迈入期颐之年的老人，思绪依旧清晰，往事点滴仍记忆犹新。提到陈嘉庚，邱铭静说得最多的一句话便是"他对我们很好，很照顾"。

邱铭静与陈嘉庚相识的最初缘分，缘于陈嘉庚的侄子——陈仁杰①（1924—1992年）。抗日战争爆发时，陈仁杰随母亲一同前往母亲的娘家海沧新垵村惠佐社避难。在新垵居住的陈仁杰，与年龄相仿的邱铭静成为伙伴，两人一起长大。1950年，陈嘉庚回集美定居，筹备厦门大学和集美学校的扩建修复工作，陈仁杰被伯父召回，协助管理集美学校的基建工程。②同时，陈仁杰也邀请邱铭静来到集美，两人同在建筑队里做工，之后便居住在陈仁杰家中。

---

① 陈仁杰，曾任集美学校委员会委员、集美学校建筑部主任，其父陈天乞，是陈嘉庚同父异母的弟弟。

② 中国人民政治协商会议全国委员会、文史资料研究委员会：《回忆陈嘉庚——纪念陈嘉庚先生诞辰一百一十周年》，北京：文史资料出版社，1984年，第289页、290页。

对外乡人关怀照顾的陈嘉庚

初到集美的邱铭静,在集美学校建设队里做水泥工。一次乡镇演出上,会一些才艺的邱铭静得到了陈嘉庚的赏识。一视同仁的陈嘉庚对这位"外乡人"也是照顾有加。邱铭静回忆道:

当时集美有一个乡镇演出,我会表演一些才艺,就去表演了。陈嘉庚看了这场演出表扬我说:"表演得还可以。"也因如此,陈嘉庚平日对我很好。1952年的时候,我们的户口全部从海沧迁到集美。我爱人也一起来了,陈嘉庚知道后,给爱人找工作,在龙舟池建筑工地上当小工。他对我们很好,很照顾。

陈嘉庚对文艺活动十分重视,为了丰富乡民们的日常生活,在1950年,他以搬运队的工人为主体建设了工人俱乐部,并以俱乐部为场所,组建芗剧团。[①]邱铭静原来在新垵芗剧团工作,由于会打鼓,陈嘉庚便在成立芗剧团之初,请他来担任司鼓一职。

除此之外,陈嘉庚对外乡人的照顾体现在方方面面,陈仁杰

[①] 陈新杰:《集美学村大观》,合肥:时代出版传媒股份有限公司、黄山书社,2021年,第292页、293页。

在《难忘的教诲》中曾写道:"一九五三年,我担任集美学校建筑部主任,我一家三口人,当时我每月工资是三十元,另一位副主任每月工资是四十元,伯父对我讲'他是外地人,来这里工作,要租房子、买柴火等,生活费用开支较多,所以我给他的工资要多一些'。"

除此之外,陈嘉庚的一视同仁也体现在人才选用方面。1958年,邱铭静被提拔为建筑部管理运输的中队长,初次担任管理工作,邱铭静担心难以胜任,一度想要放弃,然而陈嘉庚用人不疑,对他给予鼓励和支持。

当我碰到困难的时候,陈嘉庚也很帮助我。1958年,我们建设部有七个中队,陈仁杰叫我做第五中队的中队长管运输。但是我担心管不好当地的人,就和陈嘉庚说不做了,但是陈嘉庚很坚持,他说叫你做你就做,是该管管他们。

克己奉公的陈嘉庚

陈嘉庚在集美建设了很多学校,本来华侨大学华文学院天南门楼那一片都是土地,他回来之后,在那里建设好几栋校舍,还有集美中学的道南楼、纪念碑……他建设了很多地方。在抗战时期,有很多楼都被日军炸坏了,他要全部再修建。本来陈嘉庚的故居也被炸坏了,但他没有修建。

在工作生活方面,陈嘉庚给予的照顾让邱铭静很感动,在为国为公的无私奉献上,陈嘉庚的精神更是让邱铭静钦佩不已。战争时期，硝烟四起，厦门也难以幸免。陈嘉庚作为"南洋华侨筹赈祖国难民总会"的主席，号召爱国华侨捐款捐资，给予国内的抗日力量极大的支持。然而他的爱国抗日行为被日军视为眼中钉、肉中刺。1938年起，日军在集美进行惨无人道的轮番轰炸，集美学校、厦门大学遭到严重损毁。陈嘉庚在《南侨回忆录》中写道："至各校舍被空袭外，中炮弹者二百余次……余约略计之，损失占全校二成之额，然已年余未有空炸击炮击。余在南洋自抗战后领导华侨募捐，故时常发表敌人野心罪恶，前后何止数十次。新加坡前为中立地，敌人侨居不少，知之最稔。故对余故乡虽无设防之住宅，及教育机关亦以其凶恶之海陆空强烈炮火加以破坏。"[①] 1939年4月，日军将轰炸点选在陈嘉庚的私宅，这栋陈嘉庚曾花费八千余元的住宅受损严重，仅存断壁残垣。

1950年，陈嘉庚回国后，一心为公的他决定先修葺校舍，然而对于故居，他却没有着急修建，他认为："若重修住宅，所需不过

诚毅楼

---

① 陈嘉庚：《南侨回忆录》，上海：上海三联书店，2014年，第264页。

二万余元，虽可办到，念校舍未复，若先建住宅，难免违背先忧后乐之训耳。"①故他暂时居住在航海学院的诚毅楼。直到 1955 年，全部校舍都修葺完毕，他才同意修建自己的住宅。

亲力亲为的陈嘉庚

1946 年 6 月，国民党政府不顾民生疾苦，公然发起全面内战，陈嘉庚作为南洋侨领，他严正抗议，呼吁美国停止对国民党政府的一切支援，停止内战。然而陈嘉庚也引来了美蒋的报复，中华人民共和国成立后，蒋介石对陈嘉庚的迫害仍在继续。

面对敌特的迫害，陈嘉庚毫不畏惧，很多事情亲力亲为。即将进入耄耋之年的他，依旧坚持拄着拐杖往返集美学校和厦门大学工地，视察建设进度。当时高集海堤还未完工，来往岛内外的交通工具主要是小客轮，周总理考虑到陈嘉庚的安全问题，指示国务院机关事务管理局安排一艘小交通艇和小轿车，然而，陈嘉庚不愿动用公家财物，一直拒绝，直到 1957 年才收下小轿车。据邱铭静口述：

他每天早上出门视察工作，保卫人员就跟随他了。他要了解建设的进度。他从现在集美大学美术学院那边往华侨大学华文学院的天南门楼方向走，一直走到海堤那边，然后到南薰楼，最后在中午的时候，走到纪念碑。有车在纪念碑那边等他，然后他坐上车再回来。他在工地上不是只坐着光看，而是拄着拐杖，详细地了解进度。当时海堤大坝那边的建设困难很大，他要来视察，一看就看一

---

① 摘自《明是非辨真伪——在福建会馆与怡和轩俱乐部欢送会上的演讲》。来源于《南侨日报》1949 年 4 月 29 日。

个早上，都不坐下来休息的。

1958年，陈嘉庚身患鳞状上皮癌，身体每况愈下，但仍坚持工作，尽管当时有一辆轿车作为代步工具，但是他从不乘坐汽车视察建筑工地。据陈仁杰回忆："他（陈嘉庚）曾经对我说过：'我不能乘坐汽车视察工地，视察工地乘汽车如同走马看花。步行视察工地有许多好处，一是能对每一个工地观察得仔仔细细，确保工程的进度和质量。二是步行能锻炼身体，增进体质。'所以，伯父对集美学校各个校舍的基建工程情况了如指掌，保证了工程的顺利进行。"

陈嘉庚主持集美华侨学生补习学校校舍建设（摄于陈嘉庚纪念馆）

坚守报国之志　尽公民之天职

任镜波　口述

任镜波

　　任镜波，1934年6月出生，1954年7月毕业于集美水产航海学校，曾任集美航海学院党委统战部部长、《集美航海学院学报》主编、厦门市政协委员、福建省政协委员。1994年6月退休后，参与筹建集美大学，被聘为集美大学校董会第一届至第四届常务校董兼副秘书长。从1981年1月起，一直参加集美校友总会工作。2003年1月至2016年2月，被选为集美校友总会第六、第七、第八届理事会理事长，兼《集美校友》杂志社社长。现为集美校友总会永远名誉会长、厦门市陈嘉庚奖学金工作领导小组顾问。

任镜波是新中国成立后集美学校的第一个学生党员，几十年来恪守"诚毅"校训，成为一名"嘉庚精神"忠实的弘扬者和传承者，身体力行募集1935万元助学金，惠及集美学村各个学校。

2014年，正值陈嘉庚先生140周年诞辰，任镜波以集美校友总会和个人的名义给习近平总书记写了一封信，反映海内外集美校友和嘉庚弟子的心声，并收到了习近平总书记的回信。习近平总书记在回信中号召全球华侨华人继续弘扬"嘉庚精神"，为实现中国梦而共同奋斗。

三次近距离接触陈嘉庚

1952年秋,任镜波就读的福建省立高级航空机械商船职业学校停办。航空机械、轮机、造船三个专业并入福建省立高级工业学校,任镜波所在的航海驾驶专业则并入集美水产航海学校,当年8月,任镜波便来到厦门继续学习。

我是1952年8月来到集美的,在这边读书的时间是两年,这两年正好嘉庚先生在集美定居。我的宿舍楼(即温楼)跟嘉庚先生住的校董楼只有50米的距离,几乎天天都能看到他进出的身影,有时候在校园里也可以碰到。在这期间,嘉庚先生两次给全校,包括水产航海、财经、中学的师生作报告,使我们有机会听到嘉庚先生的教诲。

在任老的记忆里,嘉庚先生有一次给大家作报告,讲到抗美援朝,他给中国人民志愿军捐赠了大批的棉衣棉裤;讲到国家建设,嘉庚先生向中央建议要在福建建铁路……赢得了现场阵阵掌声。

我比较幸运的是有三次机会跟嘉庚先生近距离接触,当面聆听他的教诲。第一次是因为学生之间的问题。1952年,全国院校调整,福州的省立高级航空机械商船学校和惠安的福建省水产学校同时并入集美水产航海学校。当时从福州过来的有一百多人，从惠安过来的有两百多人，原来集美学校还有一部分学生。三所学校合并后，除了上课的时候讲的是普通话，学生私底下有的讲闽南话，有的讲莆田话，有的讲福州话，还有些学生是广东那边过来的，讲的是广东话……大家在一起生活，都想学对方的话，都先学一些骂人的脏话，于是就容易引起口角和打架，学生中不团结的现象比较突出。

当时，我针对这些情况写了一篇《不应互相歧视》的杂谈，寄给《厦门日报》，结果《厦门日报》就在副刊上刊登了。我没有写具体的学校，但是明眼人一看就知道是我们学校。嘉庚先生天天看报纸，他看到这篇文章，就知道写的是水产航海学校的事。他叫身边的人到学校了解情况，随后，他便叫身边的人约我到他的住处。

第一次要面对面见校主的任镜波非常紧张，他当时心里很害怕，不知道是因为什么事情被叫到校董室。

我去了之后，嘉庚先生先问我，从福州来的学生习惯不习惯？学校的伙食怎样？饭量够不够？菜好不好？都吃得饱吗？然后问我，写的那个文章是怎么回事儿？我就如实说同学之间因为语言不通，在互相学话中就会学一些骂人的话，引起一些口角，互相谩骂。陈嘉庚先生听了之后，就跟我说："我不是为一个地方的人办学的，我是为社会办学，为社会培养人才，希望你们将来好好为社会服务。你们都是学水产航海的，以后还要上船，上了船就要同舟共济，在学校就要养成互相团结、同舟共济的习惯。"

这是我第一次去见嘉庚先生，刚去的时候很紧张，因为他是个大人物，我很敬畏他。没想到近距离接触之后，他就像邻居老爷爷一样。后来，嘉庚先生就找学校领导，提醒他们要关心各地来的学生，同学们要互相团结。

任镜波讲到这里会心一笑，对于当时才18岁的他来讲，与陈嘉庚先生的第一次近距离谈话在他心中埋下了种子，陈嘉庚先生平易近人，也让他有勇气第二次主动去找陈嘉庚。

第二次是我主动去找嘉庚先生，因为当时比我们高一年级的同学，分配的时候几乎都没有分配到与海运相关的部门，学非所用。当时我们的专业思想都受到影响，觉得念航海没有前途，还读什么呢？那时我是学生会主席，大家就推举我去向陈嘉庚校主反映。

为什么遇到这个问题要找陈嘉庚？在当时任镜波的认知里，陈嘉庚先生可以帮忙解决这个问题。

早在任镜波来集美之前，1952年3月11日和21日，陈嘉庚为了扩充集美水产商船专科学校和集美水产航海职业学校，并提高两校学生的助学金标准，亲自致函教育部部长马叙伦，并写信给周恩来总理。周总理非常重视，指示教育部核办。马叙伦于5月30日函复陈嘉庚，同意政府补助每名学生每月大米一百斤。在大家的眼中，嘉庚先生向上反映问题是很有帮助的。

我就去找嘉庚先生，主要是谈因为上一届的同学毕业后没有分配到与本专业相关的工作，大家思想波动比较大，想让嘉庚先生看看有没有什么解决的办法。当时嘉庚先生听完后，就很和蔼地说："现在台湾海峡被封锁，海运不通，这是暂时的，终有一天会改变现状，到时海运发展需要很多船员，到时候再培养就来不及了，我们要未雨绸缪。"后来我想想也对，当时不仅省立高航的航海科和省立水产合并到集美水产航海学校，而且在集美学校增办了水产商船专科学校，这不正是嘉庚先生的未雨绸缪吗？

其实，嘉庚先生一直对水产航海寄予厚望。1920年2月，陈嘉庚先生创办集美学校水产科，把"开拓海洋，挽回海权"作为办学宗旨，他目睹旧中国"门户洞开，强邻环伺"的可悲状况，毅然发出"兴海洋，挽海权，首应培养航海人才"的呐喊。为了鼓励学生学习水产航海，陈嘉庚先生特地规定水产科学生"待遇同师范生，学膳宿费均免"。即便是在抗战期间，集美水产航海学校依然坚持办学，是中国唯一没有停办的航海学校，创造了"深山办航海教育"的奇迹。

中华人民共和国成立后，陈嘉庚在中国人民政治协商会议第一届全体会议上的提案，第二条就是在沿海各重要地区设立航海学校案。全文如下：

我国海洋生产丰富，海岸线悠长；今后对海利宜尽量发展，以为国家经济建设之助力。战前水产航海学校全国只有数处，限于经费，成效甚微。每年全国毕业生不上百人，学者因海利未见，立志不坚，尤多中途弃去，改就他途。对日抗战时，沿海失陷，厦门集美学校移入内地，其中水产航海学校亦一同迁移，每年毕业一班，生数亦少。自经抗战，师资尤为缺乏。故欲发展航海，实收海利，必从培养此项人才入手，谨拟办法如下：

由教育部或水利部联同在沿海各重要地区设立水产航海学校，专收中学程度学生入校就学。[1]

---

[1] 张其华：《陈嘉庚在归来的岁月里》，北京：中央文献出版社，2003年，第195页、196页。

在张其华《陈嘉庚在归来的岁月里》一书中,对嘉庚先生回集美定居后关注航海教育有详细的记载。1951年陈嘉庚增办水产商船专科学校,并于1951年4月25日发表《为扩充集美水产商船专科暨水产航海高级职业学校学额,培植多数海事人才告各中等学校同学书》,指出振兴航海业必须培养大批有关专业人才,以备全国解放后作为收回海权之生力军。

在集美航海学习了两年,即将毕业的任镜波,跟嘉庚先生有了第三次接触。

我跟嘉庚先生第三次的近距离接触很偶然。我当时在学校当好几个报社的通讯员,经常去校董会找些参考书,要毕业了得去还书。当时刚好嘉庚先生从二楼下来,迎面看到嘉庚先生。当时校董会的工作人员就跟嘉庚先生说他今年要毕业了,今年水产航海的毕业生有两百多人,财经的毕业生也有一百多人。当时,嘉庚先生就说了一句话,我们同学出去首先要做人。他说他在新加坡见过两个人,一个是林文庆,很有学问,也很有道德,为社会做了很多事情。另一个学问比林文庆还好,但道德不好,后来就犯罪了。这些话像是对工作人员讲,也像是对我讲,让我终身受益。

毕业以后,任镜波一直从事教育工作,一生都奋战在教育战线上,与陈嘉庚和集美学校的不解之缘延续至今。

陈嘉庚办教育　是培养社会所需专业人才

在为"教育兴国"孜孜求索的道路上,陈嘉庚对职业教育非常重视。陈嘉庚创办职业教育极其注重与社会需求相结合。集美学校水产科的创办旨在"造就渔业航业中坚人才，以此内利民生，外振国权"；商科旨在使人们"通晓商业原理与常识"、"学习西式簿记知识，银行、贸易技术本领"；农林科则源于"我国素称以农立国，然因科学落后，水利未兴，改良无法，故收获不丰，民生困苦，尚乏农林学校，以资研究改良"。

陈嘉庚在创办集美学校各种职业教育时，注重对学生实际操作能力的培养，为保证实践教学的实施，花重金购置"集美一号""集美二号"等实习船艇；为使学生有实际练习的机会，除了到外单位联系实习，还开设实习银行、实习商店等。集美商业学校更是在1947年请集友银行拨助开办费数百万元，在校内设立一所实习银行，营业、会计都由应届毕业生轮流担任；集美农林学校利用天马山下广袤的农田和山地开辟了农林试验场，作为学生的实习基地，并大量引进外来树种进行试验培植，培养他们的实践技能……为了培养适应社会需求的人才，陈嘉庚不惜成本为集美学校创造了当时全国最为完备的实践教学条件。

在集美水产航海学校就读并工作的任镜波对此也感受颇深：

嘉庚先生办学是根据社会需要，他从办小学开始，发现师资有很大的问题。当时福建只有福州的师范学校，学生毕业后又很少从事教育工作，于是他就开始办师范，除了办高级师范，还办初级师范、幼稚师范、乡村师范、女子师范。他看到我国海岸线长，海产丰富，但是海运、渔业却不发达，就办水产航海学校。他在外面做生意，发现我们还是用老办法，竞争不过人家，所以就办商业学校。他看到农业、农村落后，就创办了农林学校。总之一句话，陈嘉庚先生就是根据社会的需要来办学的，所以他办了那么多有特色的职业学校。他强调理论与实践相结合，特别重视实践。他办航海学校就专门购置了实习船，这在其他同类型的学校是很难做到的。

陈嘉庚的职业教育办学实践在当时已经形成了一整套比较完备的体系，也为现在厦门职业教育的发展奠定了良好的基础。集美航海学院、厦门水产学院、福建体育学院、集美财经高等专科学校、集美师范高等专科学校，于1994年合并组建集美大学，在合并之前，在广义上都属于职业教育的办学模式。包括厦门海洋职业技术学院、集美工业学校等嘉庚系的职业学校，共同为社会培养了大批高素质的各级各类专业人才。

陈嘉庚先生办的职业教育，同现在提倡培养大国工匠是一致的。他办职业教育，非常重视动手能力，为什么集美航海的学生会受到世界航运部门的重视，成为一个响当当的品牌？有两个原因，一是以前水产航海的学生很多是沿海一带贫苦人家的孩子，能吃苦，有吃苦的精神；二是动手能力强，所以很受欢迎。

陈嘉庚是我最崇拜的人　我也要尽公民天职

"教育为立国之本，兴学乃国民天职。"

"我办学之动机。盖发自民国成立后，念欲尽国民一分子之天职，以一平凡侨商，自审除多少资财外，绝无何项才能可以牺牲。

而捐资一道，窃谓莫善于教育，复以平昔服膺社会主义，欲为公众服务，亦以办学为宜。更鉴于吾闽文化之衰颓，师资之缺乏，海外侨生之异化。愈认为当前急务，而具决心焉。"

"每念竭力兴学，期尽国民天职，不同经济竭蹶，为善不终，贻累政府，抱歉无似。"

"盖国家之大患一日不能除，则国民之天职一日不能卸，前方之炮火一日不得止，则后方之刍粟一日不得停。"

无论是倾资兴学还是投入爱国救亡中，陈嘉庚始终秉持着"尽国民天职"的初心，一路践行着这一诺言。而"尽国民天职"这句话也影响了任镜波的一生。

从近距离地接触陈嘉庚，到工作后在教育部门工作，我对陈嘉庚倾资办学了解得越来越多了。再后来重新回到集美学校工作（1980年），投入对陈嘉庚的研究，包括与各方面的接触，就觉得陈嘉庚是我一生当中最崇拜的一个人。他一生做了那么多利国利民的大事，我非常感动；他做的事，我做不到。但是我想，应该学习他的精神——尽天职。对利国利民的事，尽心尽力。

从1980年回到母校，直到现在，任镜波一直在弘扬"嘉庚精神"，为了维护和发展嘉庚事业，他做了非常多的工作。

为了能让集美航海专科学校升格为航海学院，任镜波付出了巨大的努力。

我回到集美航专，就参与了集美航专的升格工作。当时做这个事情交通部教育局是不同意的，他们的意思是大连海运学院和上海海运学院办本科，集美航专办专科。从交通部的角度，保持这样的层次与比例是合适的。但从集美航专来说，对学生的发展前景很不利。所以广大校友强烈要求学校一定要办本科。当时，我是学校两办（党委办公室、校长办公室）主任，日常事务工作繁多，但是我主动去做这方面的工作。后来，学校领导就把"跑升格"这个专项任务交给我。我除了接受任务这个使命感，也是抱着"尽天职"的自觉性去拼搏的。历尽艰辛，终于在关键的时刻，为学校升本抢到了"时不再来"的机会。

经过多年的努力，1989年5月11日，国家教育委员会正式发出《关于同意建立集美航海学院的通知》。在这个过程中任镜波不断奔波，起到了重要的作用。集美航专升格为本科的学院后，任镜波依然在"尽天职"的道路前行。1985年，任镜波看到陈嘉庚先生1923年写给叶渊的三封信。

陈嘉庚在第一封信（1923年1月27日）中明确提出："本校将来应改为大学。"在学科建设方面，他考虑"厦大办不到之科而由本校承办，并助吾闽各科学之完备也"。在第二封信（1923年2月23日）中，陈嘉庚提出，"预算过几年如能获利250万元，可供两大学（指厦门大学和集美大学）之费"。在第三封信（1923年2月28日）中，陈嘉庚则详细表达了关于集美学校校舍建设的设想。他说："故今日计划集美全部，宜以大学规模宏伟之气象，按二十年内，扩充校界至印斗山（在集美学村北面）。建中央大礼堂于内头社边南向之佳地……至于大学校舍之地址，弟意非内头社，后则许唐社后诸近处，另独立山岗，建较美观座座独立之校舍。"陈嘉庚先生当年对办集美大学有很周密的考虑。

看完这些书信后，任镜波就同一起工作的陈修兴、骆怀东联合写了《关于成立集美大学的建议》；1988年1月，任镜波又与陈修兴联手，组织了"集美学村高等教育发展战略研究课题组"，撰写了一篇《集美学村高等教育发展战略的构想》的文章。接着，厦门市委集美学区工委在集美学村召开了"集美学村高等教育发展战略研讨会"，以《集美学村高等教育发展战略的构想》为主要文件进行探讨。

当时，创办集美大学的构想吸引了社会各界的目光。1988年3月，福建省政协六届一次全会召开，任镜波联络陈修兴、曾国杰、陈秉忠等十多位委员，起草了《建议筹建集美大学的提案》；1993年年初，中共中央、国务院颁发了《中国教育改革和发展纲要》，进一步要求"高等教育要适应加快改革开放和现代化建设的需要，积极探索发展的新路子，使规模有较大发展，结构更合理，质量和效益明显提高"。在这新的形势下，筹办集美大学的呼声越来越高，逐渐演变为政府行为。在这前后，集美校友、印度尼西亚企业家李尚大分别向省、市领导连续写了十多封信，恳切要求筹办集美大学。1993年3月，全国政协委员钱伟长等7人，向全国政协八届一次会议提交了《关于组建集美大学的建议》的提案。

1993年10月15日，福建省人民政府作出了《关于筹建集美大学的决定》。经过省、市政府的共同努力和有关部委的通力合作，特事特办，于1994年10月20日，在省、市联合举行的纪念陈嘉庚先生120周年诞辰大会上，由国家教委副主任王明达宣读了国家教委的贺信和给福建省人民政府、交通部、农业部、厦门市人民政府的通知。通知指出：同意将集美学村现有的集美航海学院、厦门水产学院、福建体育学院、集美财政高等专科学校和集美师范高等专科学校合并组建为集美大学。

至此,陈嘉庚"今日计划集美全部,宜以大学规模宏伟之气象"的愿望得以实现。在这段历史中,任镜波起到积极呼吁和不断推进的作用。

1985年,我看到1923年陈嘉庚先生给叶渊校长写的三封信,这三封信提到"本校将来应改为大学",这是陈嘉庚的遗愿。根据《中共中央关于教育体制改革的决定》的精神,如果把集美学村现有的几所高校合并建立集美大学,岂不是既实现了陈嘉庚先生的遗愿,又符合国家教育体制改革的精神?于是,我就和陈修兴、骆怀东一起写了一篇《关于成立集美大学的建议》,分别呈送给中央和省、市有关领导。当时有人说这是"天方夜谭",有人说我们是"吃饱了撑的"。

1994年6月,任镜波退休。退休后,他被厦门的一家航运公司聘为顾问,对方给出了5000元的丰厚月薪,当时任镜波的薪资每个月才400元。但是,他只做了两三个月,就放弃了可观的收入,投入集美大学的创建中。

1994年9月,福建省和厦门市的党政领导到集美开会,研究加快成立集美大学问题。任镜波是最积极倡议创立集美大学的人之一,被邀参会。会后,省领导找他谈话,充分肯定他为集美大学的创立所作的贡献,希望他能为集美大学的创建再立新功。任镜波被指定为集美大学教育发展基金会常务副秘书长,实际担负起引资的工作。

1994年9月,省、市决定加快筹建集美大学,省领导希望我回来参与筹建集美大学。我向公司辞去顾问工作,尽管每月失去5000元的收入,但我是乐意的,因为我要尽天职。

任镜波为集美大学的引资工作付出极大的精力,集美大学的引桐楼、村牧楼、重文楼、灿英楼、尚大楼、景祺楼,都留下了任镜波和集美大学首任校长黄金陵、第二任校长辜建德共同努力的印记。

任镜波退休30年来,退而不休,是集美校友总会的"老义工"。为了发扬集美学校"优待贫寒子弟"的优良传统,他在集美校友总会一直倡导"集资助学"。由他引进和带动的各项助学金、奖学金,已经为集美各校实发1935万元,受助的学生达8963人次。

集美校友总会颁发助学金,摄于集美校友总会乡情馆

在校友总会工作也是这样，不仅要尽义务，还要贴钱。那段时间，一些民办的高校要聘我，说一个月有一万元的薪资，我不为所动，坚持在"总会"当义工尽天职。陈嘉庚先生倾资兴学，没给子孙留下一分钱。我去过新加坡，见过他的几个儿子，他们都是自食其力。陈嘉庚先生倾其所有，我是集美校友，是受益者，为弘扬"嘉庚精神"付出精力是应该的。

2002年起，任镜波先后担任集美校友总会第五届理事会常务副理事长、代理事长，第六届、第七届、第八届理事会理事长，兼《集美校友》杂志社社长。他同时被聘为集美区海外联谊会副会长，福建音乐学院董事会副董事长、蔡继琨音乐基金董事会副董事长。

这段时间，任镜波为集美大学引进了"泰国福建会馆奖助学金""邱季端奖助学金""王瑞庭海上专业助学、奖学、奖教金"。

乡情馆

为福建音乐学院引进了"蔡继琨助学、奖教金";为安溪县慈山学校、慈山农校引进了"慈山助学金、奖教金";为中央美术学院附中引进了"慈山助学金";为连城朋口中学引进了"项南助学金"。

一些校友、乡亲给任镜波个人的馈赠,他又以馈赠者的名义捐赠给总会。他设立助学金向别人募捐,自己也尽力捐献。他每月从退休金中拿出100元,每年给"嘉泽助学金"捐1200元。

在集美校友会服务期间,任镜波推动了集美校友总会会馆和集美校友"乡情馆"的建设,让广泛联系团结海内外集美校友进一步弘扬"嘉庚精神"有了更好的载体。

嘉庚教育遗产申遗　需要锲而不舍去做

讲到"嘉庚精神"的传承和发展,一生都在践行"嘉庚精神"、传播"嘉庚精神"的任镜波有自己的理解:

我想,陈嘉庚先生所追求的,是为社会好,再来看陈嘉庚一生的经历,他都是为老百姓考虑。我们现在宣传陈嘉庚要多从老百姓的角度入手,怎样宣传让老百姓能接受,陈嘉庚真正的精神是什么。我跟海外的侨胞交流,跟他们讲陈嘉庚的时候,很注意站在对方的角度,用对方能够听得懂的语言来宣传,这样对方才容易接受。

陈嘉庚不管在哪个时期都是爱国、报国的一个人。他爱国报国,一是是非分明。抗战时期,动员海外华侨支持抗战,去了延安之后,他说中国的希望在延安,说明他明辨是非。二是他敢于说真话,敢说别人不敢说的话,敢做别人不敢做的事情。最重要的是他轻金钱、重义务。

陈嘉庚教育遗产能够申遗成功是很好的事情。陈嘉庚倾资兴学，千古一人。而且还留下集友银行，这些遗产到现在还在发挥作用。他在集美学村建立的教育体系，从学前教育到初、中、高等教育，包括普通教育与职业教育，世界罕见。

他办教育的理念，包括建筑物都独具特色，在世界上是难得的。如果申遗成功，对进一步弘扬"嘉庚精神"，带动厦门的经济社会建设，将会起到不可估量的作用。当然，这是一项艰巨的工程，要锲而不舍地持续去做。

从1952年踏入集美，任镜波的一生就与嘉庚先生结下了不解之缘，他一生崇拜、敬仰嘉庚先生。尤其是从20世纪80年代开始至今，为了弘扬"嘉庚精神"，维护和发展嘉庚事业，任镜波做了非常多的工作。他把陈嘉庚说的"尽国民天职"作为自己的人生信条，并一直在践行。

兴办教育 弦歌不辍

邵培地 口述

邵培地

邵培地，1923年出生于厦门同安，曾在嘉庚先生创办的集美农林学校就读，毕业后在同安上埔的农场工作，后在同安县农业技术推广站工作至退休。

邵培地老人家住在同安大同街道，位于同安老城区的老小区。来到老人家里时，邵培地老人站起来迎接，在介绍自己的年龄时，他说："100岁了，出生于1923年。"

艰苦岁月　烽火内迁

邵培地出生于同安柑岭村，初中在启悟中学就读，后来考入集美农林学校。抗战爆发后，集美农林学校遭到日军轰炸，学校内迁到安溪，后又迁移到大田。

当时集美农林学校搬去了大田，从同安到大田要走6天，中途就只能借宿在农民家中，他们都同情我们是学生，很多人不要钱。

邵培地在大田读了半年，他说大田非常冷，当时很穷，衣衫单薄，人在夜间常常会被冻醒。

邵培地求学的艰辛与嘉庚先生办学的艰辛，可以说是那个时代带来的阵痛。但忍着阵痛，迎来的是新生。

陈嘉庚在《南侨回忆录》中谈道："我国素称以农立国，然因科学落后，水利未兴，改良无法，故收获不丰，民生困苦。本省虽临海，农业实占一大部分，尚乏农林学校，以资研究改良，余对于农科尤为注意。民十二年函告叶校长，在天马山或美人山麓择地开办，土质虽欠佳，可以肥料补助。"

1923年5月初，集美学校发生学潮，筹划农林之事被迫中断。

1925年2月1日，陈嘉庚在给集美学校校长叶渊的信中指示续办农林学校的具体事宜，并对经费做了承诺。陈嘉庚对因学潮而耽搁的兴办农林学校事宜耿耿于怀，要求叶渊克服困难、创造条件，先办起来再说！

叶渊按照校主的指示，与科学馆主任陈延庭、建筑部主任王卓生等，前往陈嘉庚指定的天马山与美人山之间的荒地考察，议定农林学校校址和农林场场址，并写信向陈嘉庚报告。1925年5月21日与26日，陈嘉庚的弟弟陈敬贤同叶渊、王卓生三人两次前往同安县仁德里洪塘头社与该社家长（地主）订立合同，购买天马山与美人山麓的侯厝社、后坝社附近一带久荒之地，为设立农林部校舍、试验场、畜牧场等之用。

1925年12月，农林校舍务本楼及附属用房建成，并开辟农林试验场。1926年3月11日，集美学校农林部正式开学，招收甲种农林第一组四个班，学生130多名。

1927年3月，集美学校农林部改为集美农林学校。后来，农林学校开办高级农林科。

1937年七七事变后，集美成为前线，集美学校师生被迫离开集美学村，走上了艰难的内迁之路——师范、中学、商业、农林、水产航海等各校师生翻山越岭来到安溪县，创造了全体师生零伤亡，数以万计册图书、千余件教学设备零损失的奇迹。集美小学则移至孙厝、后溪石兜村。

1938年1月，集美学校各中等学校在安溪文庙合并办理，名为"集美联合中学"，各校改设为科。1939年1月，沿海局势进一步恶化，赴内陆上学的学生剧增，水产航海、商业、农林各科脱离联合中学，再一次踏上"旅途"，迁移至大田县，合并为"集美职业学校"。

内迁期间，集美学校师生在艰苦的条件下坚持办学。在大田，日寇飞机时常骚扰、轰炸，空袭警报一响，师生们5分钟内就登上仙亭山，隐藏在绿树丛中。于是，高山顶上出现了神奇的"森林课堂"——头顶上敌机盘旋，黑板挂在树上，教师站在树前授课，学生席地而坐听课。

航海训练要搭台跳水，师生们选定河段，集体掏筑深池；水产科要搞淡水养殖，大田乡亲们帮忙物色地盘，挖掘鱼池；农科所办实验农场没土地，乡亲们让出20多亩水田……烽火岁月里，集美师生和大田人民结下了深厚的情谊，大田县玉田村因此被誉为"第二集美学村"。

内迁大田的"第二集美学村"

内迁期间，集美学校师资短缺，许多校友响应母校号召，放弃安定工作和优厚待遇，奔赴大田，留下了"千里走单骑""离船从教"等感人故事——在广东汕尾水产学校任教导主任的校友陈维风听说母校需要专业人才，义无反顾地提交辞呈，挑着一根扁担，一头放行李，另一头坐着幼小的女儿，从广东徒步来到大田。原来，陈维风在集美毕业后，曾受陈嘉庚资助赴日本留学。在英国一艘万吨远洋轮当船长的校友俞文农响应母校召唤，毅然放弃高额工资，赔付巨额违约金，带着几本航海专业书回国，到大田任教。

集美职校借用玉田村几十座祖宇祠堂，作为临时学校继续办学，直至战争结束后回迁集美。这里也被誉为福建版的"西南联大"。

集美农林学校曾受经费紧张的困扰。1936年，当时已经将近70岁的蔡元培也在关心集美农林学校的发展，他在当年8月26日给

陈维风"千里走单骑"（摄于集美校友总会）

俞文农在大田任教（摄于大田"第二集美学村"）

南京国民政府教育部部长王世杰的信中说："惟查集美农林学校，农场广大，建设周备，种植畜牧，均见发达；该校近因环境关系，经费非常困难，倘蒙大部一体补助，庶几得有发展。"呼吁政府对集美农林学校给予补助。

学校修复　培养人才

1945年，集美农林学校进行修复。同年，台湾光复，集美农林学校的师生应邀赴台接收农林产业，成为闽台交流融合的使者和日后台湾农业发展的一支骨干力量。1946年，集美农林学校迁回天马山脚下的旧址，邵培地和同学们一起回到集美。邵培地在天马山脚下的农林学校学习了一年。

当时学生并不多，学校只修葺好一栋务本楼，有的学生甚至租住在附近的村民家中里。1947年，集美农林学校停止办学，我和一些同学转到福建省立福州高级农业职业学校。当时去福州也很不方便，需要坐船。我又在福州上了一年学才毕业。

集美农林学校从1926年3月开办到1947年2月停办，存续21年。在办学过程中，遇到许多问题，如战争、经济困难、土地贫瘠、水源不足、地方纷乱、疾病流行等。但即便是在艰苦的条件下，集美农林学校依然先后招生25组，毕业生有357人。

精神赓续　芳华再现

铺满红色瓦片的闽南式屋顶，罗马圆柱装点的西式屋身，这幢"藏"在天马山下的嘉庚建筑——集美农林学校务本楼经过修缮焕发新生，重现百年芳华。

著名画家黄永玉在他的小说《无愁河的浪荡汉子》中讲述他住过集美农林学校，他说："'农林'在天马山脚底下。一大片地，大到什么程度呢？用以后学来的知识才晓得，大到可以盖三四个飞机场。都是农作物、稻子、麦子、玉蜀黍，荷塘、鱼塘、菜园，椰子、槟榔、广榔、油棕，还有凤梨、香蕉……天马山在远远的那边，一片蓝影子。"

这里曾经承载了邵培地等一代人的青春，也承载了嘉庚先生对改进农业发展的殷殷希望。

2022年3月，"集美农林学校"保护修缮工程启动。2022年10

月 21 日，残缺不全、破损严重的古老建筑"摇身一变"，成为集美农林学校校史展馆、集美嘉庚乡村振兴学堂、集美区乡村振兴研究院，让陈嘉庚农林教育思想在新时代继续熠熠生辉。

集美农林学校校史展馆分为"培育农林专才""助推乡村振兴""促进闽台融合"三个展厅，在全面展示集美农林学校办学历程的同时，活化利用历史文化资源，打造两岸乡村振兴合作基地。

第一展厅介绍了集美农林学校的历史、独特的教育模式和办学成果。

第二展厅展示发扬集美农林学校深入实际，服务农业、农村和农民的传统，厦门市、集美区在乡村振兴方面的优秀成果和典型案例。

第三展厅讲述集美农林学校曾经为台湾农业发展作出的贡献，以及改革开放以来集美区加强与台湾在农业交流合作、探索两岸青年助力乡村振兴新模式方面的举措和成果。

集美嘉庚乡村振兴学堂结合原集美农林学校的教育特质，将打造成厦门市乡村振兴专业机构，为全市各地镇村干部、乡村企业骨干及农民等涉农工作者提供长期专业化"三农"咨询培训服务，未来还可为省内乃至全国的相关干部提供专业化的培训和咨询服务。

同时，学堂还将盘活农校周边山地、农耕用地，整合果乐园、天马山郊野公园等资源，围绕农业培训、农耕研学、乡村振兴文创等主业态，打造一个以"专业农业教育"和"农学休闲旅游"相结合的产学研一体化休闲农业基地。

厦门市集美区乡村振兴研究院由集美区委区政府指导、著名"三农"问题专家温铁军教授团队牵头发起设立，院内设有"温铁军工作室"。同时，集美区还汇集高校、企业、个人等民间力量，邀请致力于乡村工作研究和实践的专家学者和业界行家共同打造集美乡村振兴智库联盟。

修缮完的务本楼焕发新生，这种新生在新时代有了新的内容和形式。建筑里面回荡的不仅是新时代的声音，更是新时代的希望，而嘉庚先生"忠公、诚毅、勤俭、创新"的精神也得以在这里继续传承。

勤恳工作　不负韶华

2024年是陈嘉庚先生150周年诞辰，说起陈嘉庚，邵培地说，在集美农林学校读书时，虽然没有见过陈嘉庚，但陈嘉庚是令人尊敬的校主。"他非常伟大，他办教育大家都非常认可。"邵培地有些激动地说，"他对教育很热心，所有的钱都用来办教育了，对国家对民族贡献很大，毛主席称赞他是'华侨旗帜，民族光辉'。"

毕业之后，邵培地到同安上埔的农场工作，不久就到了同安县农业技术推广站。他经常骑着自行车下乡，工作上几十年如一日，直到1988年退休。退休的前一年，还获得"全省农村科普工作先进个人"的荣誉称号。邵培地说，很多事情都忘记了，但非常清楚地记得在大田读了半年，在天马山脚下读了一年，又到福州读了一年半。在采访过程中，他多次提及自己的求学经历。

邵培地已经是百岁老人，在采访过程中，我们能感受到衰老造成的记忆衰退，但是他对自己求学的过程和去大田的辛苦经历都能描述出来，可见这段经历已经深深地刻在了他的脑海中，是抹不去的。而无论是集美农林学校的建设、内迁、战后修复还是2023年务本楼的修缮，这段关于推动"农业"发展的历史值得铭记！

陈嘉庚的影响是空前绝后的

魏达人　口述

魏达人

魏达人，系陈文确、陈六使家族后裔，新加坡国防部原高级官员、新加坡国家安全应急委员会顾问、淡马锡集团所属公司人事与后勤总监、厦门市海外联谊会顾问、集美区海外联谊会名誉会长、集美区侨联名誉主席。

我没见过陈嘉庚，但是我非常尊敬他的所作所为，他很公平地对待家族的每一个人，这是值得我们学习的。其实"嘉庚精神"中的一部分是符合社会主义核心价值观的，我们归纳了八个字：忠公、诚毅、勤俭、创新。这些价值观是不会过时的，是我们华人的文化，也是我们的软实力，这在世界上其他的地方，都是没有办法找到的。

在集美区浔江路115号，文确楼自1937年建成至今，便静静地屹立于此。这幢楼的建造者陈文确、陈六使昆仲曾是陈嘉庚的追随者和襄助者，作出了巨大的贡献。他们"心系桑梓、爱国爱乡"的家风得到了后代传承，陈六使后裔魏达人[①]便是其中一位。作为陈文确、陈六使家族后裔，自小便听长辈说起陈嘉庚和文确、六使兄弟爱国爱乡的故事，使得他对"嘉庚精神"有了更深的了解，在弘扬"嘉庚精神"、促进家乡建设等方面不断奉献出自己的力量。

---

① 魏达人系陈文确、陈六使家族长房外甥之子。

嘉庚影响空前绝后 "嘉庚精神"世代传扬

我认为陈嘉庚最大的贡献是在1937年抗日战争全面爆发后,需要发动东南亚的力量,陈嘉庚成立了"南洋华侨筹赈祖国难民总会"。之后,出现了南侨机工,他们因为这个神圣的任务而响应嘉庚的号召,这是一种超越国际的大爱。

1938年陈嘉庚组织成立"南洋华侨筹赈祖国难民总会",在陈嘉庚等人的鼓动号召下,华侨同胞怀揣拳拳赤子心,有钱出钱,有力出力。其中,南侨机工更是书写了可歌可泣的精神篇章。3000余名南侨机工踏上回国的征程,冒着生命危险在滇缅公路上日夜抢运军火物资。对于南侨机工的英勇事迹,军人出身的魏达人十分感动,谈及陈嘉庚的影响力,他用了四个字来形容——"空前绝后"。

他的影响是空前绝后的,在我们中华五千年的历史上,有这样一个人,当国家需要他的时候,他能发动整个东南亚的侨胞力量。当时在抗战的时候,为什么蒋介石没有办法,而毛主席和陈嘉庚他们为什么能够发动人民力量,得到各地,包括泰国、马来西亚、印度尼西亚、新加坡、菲律宾华人的认同。原因就是我们华人所谓

"天时地利人和"中的"人和",指的就是道德影响,正如《论语》中所写的"德不孤,必有邻"。所以我觉得,陈嘉庚他的所作所为真的是空前绝后。

陈嘉庚始终把国家和民族利益放在首位,一生致力于救亡图存,推动华侨团结,促进社会进步。他的爱国爱乡精神是他一生中始终坚持的信念,这种精神激励了一代又一代后人为之奋斗。

不忘家族历史过往　弘扬家风传承家训

在陈嘉庚兴学救国的道路上,陈文确、陈六使昆仲不遗余力,鼎力支持,他们心系祖国,慷慨解囊;他们的义举造福乡梓,泽被后世。

陈文确(1886—1966年)、陈六使(1897—1972年)昆仲出生于集美社的一个贫寒家庭,是陈嘉庚的族亲,陈文确在家排行第三,陈六使排行第六。在当时,有不少青年下南洋谋生计,陈文确便是其中之一。光绪三十年(1904年),陈文确南渡新加坡后,最初在老乡陈科总处当船夫谋生,之后进入陈嘉庚经营的菠萝罐头厂当工人。陈文确工作认真,踏实肯干,受到厂里一位老会计的赏识,便在闲暇时间教他会计知识。在退休前,老会计更是向陈嘉庚推荐陈文确为继任会计,由于工作出色,陈文确不久便被提升为工厂总管。民国七年(1918年),陈文确被陈嘉庚委派到柔佛州管理橡胶园,在橡胶园的工作经验为他之后的创业之路打下了坚实的基础。

陈文确、陈六使铜像（摄于文确楼）

民国五年（1916年），陈六使南下投奔兄长，最开始在陈嘉庚创办的谦益橡胶公司里的橡胶园当劳工。在工作方面，陈六使和哥哥们一样勤奋好学，节俭朴实，又因为曾经在惕斋学塾和集美小学读过书，略懂文墨的他被陈嘉庚提拔为公司职员，协助经营橡胶生意，之后又擢升为部门经理。

在此期间，陈文确和陈六使潜心学习橡胶业的经商经验，在行业内积累了一定人脉。最终，于1925年，文确、六使合资创办了"益和"橡胶公司，兄弟同心协力，益和公司业绩蒸蒸日上，20世纪30年代中后期，益和公司便跻身于新加坡橡胶业的知名企业之列。

自小家境贫寒，文确、六使兄弟深知家乡人民疾苦，并且深受嘉庚精神感召。在事业获得一定成就的同时，不忘回馈乡梓，乐善好施，为家乡建设和教育事业作出杰出贡献。自 1933 年起，文确、六使兄弟每月资助集美学校费用，益和公司承租陈嘉庚的麻坡橡胶厂，盈利扣除利息后，全数充当集美学校建设经费。1937 年抗日战争全面爆发后，陈嘉庚于次年成立"南洋华侨筹赈祖国难民总会"，陈六使被推举为新加坡区的代表，他积极筹款，救济祖国难民同胞。1938 年 10 月，陈文确为支援祖国抗战，捐赠新币 20 万元。据《新华日报》记载："（中央社重庆十三日电）新加坡巨侨树胶公会主席陈六使，用其兄陈文确名义，先后捐输义款新币 20 万元，缴交星华筹赈会汇寄祖国，救济伤兵难民之用……"[1]

我祖母是集美的女儿，她在世的时候时常和我讲一句话"做人要守规矩"，这也是 20 多年来，我一直坚持地走下去的原因。现在的幸福真的来之不易，所以我希望会有更多的集美女儿培养出更多爱乡的人，爱中华文化的人。陈文确和陈六使他们是从集美渔村走出去的孩子，两兄弟小时候的家境非常贫穷，是陈嘉庚栽培了他们。当陈嘉庚需要他们的时候，这两兄弟在抗战时期哪怕困难，也都无条件付出，无论是在南洋筹赈总会还是在建设集美学村、厦门大学、集友银行的时候。

他们非常节俭，而且乐于助人，所以从小这个价值观念就根深蒂固地刻在我的脑海里。在新加坡共和国成立的那个年代[2]，一般来说，老百姓的经济条件不是很好，但是陈六使的家族和我的家庭还算过得去，尽管如此，我们还是秉持着勤俭的家风。

---

[1] 《新华日报》，1938 年 10 月 14 日。

[2] 新加坡共和国成立时间为 1965 年 8 月 9 日。

落山风寄乡思　入集美情意浓

出生于印度尼西亚巨港的魏达人，自小便听祖母用闽南语讲述集美的人文风情以及为人处世的道理。祖母对故乡的思念在魏达人的心中产生了潜移默化的影响，渐渐地，他对于集美这个从未谋面的故乡产生了一种向往的情愫。魏达人在自述《非凡二十年之阮的集美》中写道："这个时候祖母就会开始念叨着：'我侬的浔尾，阮的集美；浔江缓缓向东流，炊烟袅袅绕天马；半个夕阳红满天，微微晚风飘来愁。'……寄托落山风吹向海的北边，带去亲人思念到集美浔江的期盼却越来越深，我期盼着早日到'我侬的浔尾，阮的集美'走一走、看一看。"

2001年，魏达人第一次陪同长辈来到厦门，第一次踏上了祖母口中集美的土地，亲切感油然而生，让他有了家乡的感觉，那是他之前所没能体会到的。据魏达人口述：

二十多年前我第一次回到集美，和现在的感觉完全不同，发生了翻天覆地的变化。你看这些高楼大厦，多美。我是在印尼出生长大，但是我对印尼完全没有那种乡土之情，没有那种家的感觉，但是当我第一次到集美的时候，我便觉得，这里就是我的家。

集美除了文确楼之外，还有其他古老的建筑，比如南薰楼。我每次回来，经过厦门大桥，看到南薰楼，我会敬军礼，因为那里是家乡的地标。而集美海堤就好像母亲张开双手，欢迎自己的子女回来，非常有意义。

南薰楼

文确、六使所作贡献　历史终不会遗忘

　　1937年陈文确、陈六使兄弟在集美大社修建了文确楼，作为返乡生活的居所。由于家族后人常年定居海外，文确楼久无人居，空置时间过久，加上风雨侵蚀、自然老化等原因，一度破败不堪。2001年，初到集美大社的魏达人看到破旧不堪的文确楼，满是感慨。如何将文确楼保留下来，成为他重点思考的问题。最终家族达成共识，同意将文确楼保留下来，并捐出该楼的产权，交给集美区政府修缮管理。如今，文确楼重现往日风采，成为陈文确、陈六使生平事迹陈列馆。说起此事，魏达人眼含热泪，感慨万千：

2001年，当我到集美大社，看到文确楼的时候，我惊叹为什么会是如此破败，这栋楼不修会如何，修了会如何使用，要如何把它永久地保留下去。文确楼是家族在这个世界上唯一的硬件。这个世界上很多东西都会消失，但是文字和历史会留下来，当我们拥有了这个硬件，就可以召唤很多子孙回来，他们会说，这是我们的长辈文确、六使建的。为了重修文确楼，当时我五年不敢回来，因为担心不能把文确楼修好，没法儿给前辈一个交代。我花了好多时间去研究，去和家族商量，开家族股东大会，让大家认同将文确楼保留下来。

我们那个时候保留文确楼有两种想法，一种是将文确楼全部铲平重建，但是这就失去了它原有的意义。另一种是维修旧楼，成本花费会更高，但是我们依旧决定这样做，并且觉得这样是对的，是非常值得我们去保留的。

为迎接集美学校90周年校庆，集美区政府结合厦门海湾型城市建设，与集美校委会决定在敬贤塔周围扩建出一座总面积超2万平方米的敬贤公园，用于怀念陈敬贤对家乡集美的建设和教育作出的贡献，项目于2003年8月底竣工。在公园中，还竖立着三座铜像，自南向北分别是李光前、陈六使和陈文确，铜像旁的碑文记录着他们的生平事迹以及对教育事业的付出。也正是敬贤公园建立的契机，使得魏达人在新加坡南洋理工大学华裔馆内找到了陈六使的铜像。

2002年，当我第二次再来集美的时候，刚好厦门市、区的老领导还有侨联陈忠信主席他们在建议说要建敬贤公园，他们带我一起考察敬贤公园里面的三座铜像（李光前、陈文确、陈六使）摆放的位置。我深有感触，如果我们不记得自己的长辈，那没有人会帮我们记。所以我无论如何辛苦，都要去挖掘我们家族人的历史过往。很多朋友包括我自己的亲戚问我，你每年回去为什么没带上自己的孩子。我说，我是去建设，不是去旅游的。

"乐育英才"的陈六使一生竭力追随陈嘉庚左右，在教育兴学方面立下了汗马功劳。第二次世界大战后，新加坡再次被英国统治，在这一时期，新加坡的华文教育受到了英殖民当局的无理限制，华文学校的学生逐渐减少。"余每振触及此，心中如焚，思办一中国式大学试挽狂澜；冀希中华文化永如日月星辰之高悬朗照于星马以至全东南亚，蓄之有日矣"，1953年1月16日，陈六使在主持福建会馆执监委员会议时，倡议创办一所华文大学——"南洋大学"，并且带头首捐500万新加坡元，作为办学经费。此举得到了参会者的大力支持，福建会馆也捐献土地约3175亩用作大学校址。筹办南洋大学初期困难重重，英殖民当局借口已有马来亚大学，南洋大学的创办没有必要，陈六使等人据理力争，承诺不花费政府一分一厘，最终，在1953年5月5日，南洋大学正式获得注册，命名为"南洋大学有限公司"。南洋大学注册的消息振奋人心，当地华侨华人积极开展义捐活动。在三年的紧张筹备下，1956年3月15日，南洋大学正式开学，这是历史上第一所规模完备的海外华人大学，也曾是海外唯一的中文大学，为新加坡的教育事业添上了浓墨重彩的一笔。

1958年3月30日,陈六使在南洋大学落成典礼中致辞

此后,陈六使一直担任南洋大学执委会主席职务,直至1964年因年迈辞去职务,为南洋大学的建设发展立下了汗马功劳。1972年9月11日凌晨,76岁的陈六使心脏病突发,与世长辞。为了纪念他作出的贡献,南洋大学理事会决定为他竖立铜像,以便后人铭记先贤功绩,1974年6月15日,铜像安置仪式正式开始,家属为南洋大学捐资50万新加坡元,成立陈六使奖学基金,激励海外侨胞,助力培育人才。

1980年,南洋大学与新加坡大学合并成为"新加坡国立大学"。1981年,新加坡政府在原有的南洋大学校址上建立理工学院,称为"南洋理工学院",1991年合并新加坡国立教育学院后更名为"南洋理工大学",至此"南洋大学"四个字成为历史。

1995年，在南洋大学成立40周年之际，在云南园中建立起一座复刻版的南洋大学牌坊；2019年10月19日，南洋理工大学将校内的人文学院大楼命名为"新加坡福建会馆楼"，将原坐落于华裔馆和南洋大学湖附近的"南洋谷"路易名为"陈六使径"，时任新加坡教育部长王乙康主持揭牌仪式。这是对陈六使等先贤作出的贡献的致敬和肯定，也是对历史存在的尊重。